高职高专财经商贸类专业精品课程系列教材

会计适应性读本

主　编　周　兰　李建红
主　审　赵云峰

苏州大学出版社

图书在版编目(CIP)数据

会计适应性读本/周兰,李建红主编.—苏州:苏州大学出版社,2015.6
高职高专财经商贸类专业精品课程系列教材
ISBN 978-7-5672-1401-9

Ⅰ.①会… Ⅱ.①周… ②李… Ⅲ.①会计－高等职业教育－教材 Ⅳ.①F23

中国版本图书馆CIP数据核字(2015)第144104号

会计适应性读本

周 兰 李建红 主编

责任编辑 周新慧 方 圆

苏州大学出版社出版发行
(地址：苏州市十梓街1号 邮编：215006)
宜兴市盛世文化印刷有限公司印装
(地址：宜兴市万石镇南漕河滨路58号 邮编：214217)

开本 787 mm×1 092 mm 1/16 印张10.5 字数249千
2015年6月第1版 2015年6月第1次印刷
ISBN 978-7-5672-1401-9 定价：26.00元

苏州大学版图书若有印装错误，本社负责调换
苏州大学出版社营销部 电话：0512-65225020
苏州大学出版社网址 http://www.sudapress.com

编 委 会

主　　编：周　兰　李建红

主　　审：赵云峰

副 主 编：高月玲　费　蕾

参编人员：周　蓉　赵　越　朱玲娟
　　　　　薛真仁　孙　妍　杨浩然

前 言

随着国务院《关于加快发展现代职业教育的决定》的深入推进,职业院校坚持以立德树人、服务发展为宗旨,以促进就业为导向,提高人才培养质量,加快现代职业教育体系建设,培养数以亿计的高素质劳动者和技术技能人才。本《会计适应性读本》在现代职业教育大发展的背景下,以服务专业学习为起点,帮助学生感知专业,迈向职业启蒙,树立职业方向标;以服务学生为落脚点,配套专业教学。从而认知财经基础知识,了解专业术语,为专业理论和实践技能的学习与应用奠定基础。

本读本主要由两大部分组成,第一篇实现学业的华丽转身,分为认识自己、不怕现在和不惧未来三节;第二篇走近会计的浩瀚领域,分为会计历史、会计名人、生活财经、会计名词、会计岗位、会计工作、会计考证、会计就业、会计人生、会计展望十节。本读本秉承"贴近实际、贴近生活、贴近学生"的"三贴近"原则,语言简练,指导明确,充分考虑了当今学生分析能力和思维能力的现状。本读本具有以下特点:

(1) 知识性。本读本围绕日常生活中的财经专业知识,以图文并茂、深入浅出的形式呈现。通过阅读培育学生的专业素养。

(2) 适应性。本读本以服务财经专业学生的专业导学为前提,提供专业适应性的连续指导,用来优化每个学生的专业学习。

(3) 实用性。本读本为新入学财经学生提供在实际生活中遇到的财经专业入门和提升最基本的知识,力求读后有用。

本读本由周兰、李建红任主编,赵云峰任主审,高月玲、费蕾任副主编。编写组对于选材、构思、呈现等做了周密务实的推敲取舍。在此,我们对在编写、出版过程中,对本读本给予大力支持和悉心指导的老师和相关单位表示诚挚的感谢!

由于编者水平有限,时间仓促,不足之处在所难免,希望读者与专家不吝赐教,以便进一步完善。我们也希望本读本能得到广大青年学生读者的喜爱,成为职业院校学生打造美好人生之基的良师益友。

编 者
2015 年 5 月

目 录

第一篇　实现学业的华丽转身

第一节　认识自己 ……………………………………………………… 3
　1. 自我接受 ……………………………………………………………… 3
　2. 自我认识 ……………………………………………………………… 8
　3. 自我反省 ……………………………………………………………… 10
第二节　不怕现在 ……………………………………………………… 13
　1. 现状分析 ……………………………………………………………… 14
　2. 健康心理 ……………………………………………………………… 16
　3. 习惯养成 ……………………………………………………………… 17
第三节　不惧未来 ……………………………………………………… 21
　1. 管理时间 ……………………………………………………………… 21
　2. 培养兴趣 ……………………………………………………………… 23
　3. 职业规划 ……………………………………………………………… 24

第二篇　走近会计的浩瀚领域

第一节　会计历史 ……………………………………………………… 31
　1. 会计发展历史 ………………………………………………………… 32
　2. 现代会计发展 ………………………………………………………… 38
　3. 国外会计发展 ………………………………………………………… 45
第二节　会计名人 ……………………………………………………… 48
　1. 会计名人 ……………………………………………………………… 48
　2. 名人隽语 ……………………………………………………………… 58
　3. 会计文化与会计精神 ………………………………………………… 59
第三节　生活财经 ……………………………………………………… 62
　1. 无心插柳柳成荫——生活处处都有财经 …………………………… 62
　2. 大珠小珠落玉盘——点滴生活学问大 ……………………………… 64
　3. 小荷才露尖尖角——初遇经济学 …………………………………… 66

  4. 犹抱琵琶半遮面——聊聊那些关于"钱"的事情 ………………………… 70
第四节　会计名词 …………………………………………………………… 78
  1. 会计"周边"机构 ……………………………………………………… 79
  2. 金融产品 ………………………………………………………………… 83
  3. 企事业单位相关证照、印鉴 …………………………………………… 87
  4. 会计用品 ………………………………………………………………… 88
第五节　会计岗位 …………………………………………………………… 91
  1. 会计岗位 ………………………………………………………………… 91
  2. 会计职业素养 ………………………………………………………… 105
第六节　会计工作 ………………………………………………………… 108
  1. 会计工作流程 ………………………………………………………… 109
  2. 会计核算内容 ………………………………………………………… 112
  3. 会计工作礼仪 ………………………………………………………… 116
第七节　会计考证 ………………………………………………………… 120
  1. 会计从业资格 ………………………………………………………… 120
  2. 初级会计职称（助理会计师） ……………………………………… 122
  3. 中级会计职称（会计师） …………………………………………… 125
  4. 高级会计职称（高级会计师） ……………………………………… 126
  5. 注册会计师 …………………………………………………………… 128
  6. 注册税务师 …………………………………………………………… 131
第八节　会计就业 ………………………………………………………… 134
  1. 就业前景分析 ………………………………………………………… 134
  2. 就业方向选择 ………………………………………………………… 136
第九节　会计人生 ………………………………………………………… 144
  1. 会计里的生活哲学 …………………………………………………… 146
  2. 细节成就完美人生 …………………………………………………… 151
第十节　会计展望 ………………………………………………………… 158

后　记 ……………………………………………………………………… 162

第一篇

实现学业的华丽转身

第一节　认识自己

> **导　读**
>
> 　　小张中考发挥失常,这让她与高中失之交臂。在家人的建议下,她决定选择中职学校进行继续学习。可是,曾经骄傲的她,心里不愿意接受这样的"沦落",传闻中职学校打架、上课睡觉、谈恋爱等问题颇多,这让她感到无所适从;好友考上了重点高中,这让她有点自卑。
> 　　妈妈带她报名那天,她看到了美丽的校园,看到了宣传栏中各类活动的剪影和喜报,这让她有些安心。选择专业时,她犹豫了,她还没想好今后的发展方向,她也不知道自己能走向哪儿。爸爸说,读会计专业吧,将来工作轻松点,工资收入也高,安稳。于是,小张开始了她的会计求学之路。

　　回忆你入学前的那些时日,你是否也迷茫过?昔日的同班好友考入了高中,你是否羡慕过?面对选择的会计专业,你是否犹豫过?展望未来的路途,你是否疑惑过?

　　也许是父母替你选择了这个专业,也许是高薪稳定的工作环境吸引了你选择这个专业,也许你还没有想出为什么选这个专业的理由,但我要告诉你的是:既来之,则安之。在这个领域,你将逐渐被它的深邃折服,为它的广阔拜倒,而它,也会带给你无垠的驰骋和魅力。

1. 自我接受

　　成绩的高低不是衡量一个人能力的唯一标准,读职校不是成绩落后的无奈选择,而是不同层次需求的自我选择,发挥自己的优势,提前、主动对自己的人生进行规划,正确看待自己作为一名职校生的身份,放大年轻的资本,打造自己的广阔天地。

> 我有何身体特征?
> 我现在想要什么?
> 父母对我有何期望?
> 以往成败经验如何?
> 现在有何问题?
> 希望将来如何?

　　适应学业的角色转变,第一步是你心理上的接受。摒弃对中职的偏见,抛开你心里的不愿意,坦然接受现在的角色,沉心静思,适应新环境、适应新朋友,正确认识自己,提升自我认同感。

　　这是个新的开始,你的新生活就像一张白纸,最终呈现多美的蓝图,要靠你手握画笔的那份信心和毅力的描绘。

○ 阅读

12个岗位抢一个中职生

中职生就业这几年一直形势不错。昨天,记者也从几家中职学校了解到,有的学校就业洽谈会的学生和岗位比达1∶5左右,有的学校的热门专业学生在二年级即被企业"订走"了。记者在洽谈会现场看到,相比学生的从容态度,不少用人单位明显要焦虑得多。

一家第三方人力资源公司专门为移动、联通、淘宝等大企业招聘客服人员,负责招聘的柴经理说:"招的人很多,有多少要多少!"某知名超市负责招聘的姜经理告诉记者:"可能学生不喜欢超市的环境,我们收到的简历还不多,但我们用人缺口非常大。"

相比大学生就业难,中职生的就业率一直相当高。"我们就业率一直在98%以上!"开元商贸职校副校长王黎明说。

毕业生减少、专业对路、需求增加都是原因

为什么中职生的就业会如此火爆?开元商贸职校副校长王黎明说,一方面,随着中职升学通道的打开,许多学生都升到中高职院校,直接就业的学生数本来就不多。而记者了解到,其他中职学校的升学率很多也在一半以上,这样就业学生数量减少呈必然之势。

而中职生专业对路,毕业后可直接上手,也是受欢迎的原因之一。

"学校也重视校企合作,结合企业的实际需求来培养学生的技能,这样学生到企业后适应性非常好,一去就可以上手,企业不需要花大量的时间去培训。"

职校的毛老师说:"就业好的专业,往往专业性强,定位非常明确。"

现在有越来越多的企业意识到,企业需要的是真正能解决问题的人,学历高并不等于解决问题的能力强,企业更需要的是有工作技能的人。看似学历不高的中职生,有的反而踏实、肯干,因此在就业上更受青睐。

就业不愁升职不易,中职生发展更要沉下心来

某著名超市的招聘人员告诉记者:"我们最看重学生的独立性和吃苦精神,还有学习能力和适应环境的能力。许多学生对超市的工作环境不喜欢,但事实上超市内部提升很多,晋升空间很大,只要沉得下心来做,完全可以做到管理层的储备。"

某宾馆负责人员也表示,虽然向中职生提供的是基础岗位,但未来的发展空间同样很大。"服务业都要从基层干起,只有做得好一两年后完全可以做到领班这类岗位。"

记者在现场看到,很多单位虽然提供的都是基础岗位,但大多标明了未来的职业发展方向。"我们的岗位都要从一线做起,但做得好,将来的空间很大。"一位招聘人员告诉记者。

毕业生年年是抢手的"香饽饽"
"接地气"炼就"金牌专业"

导读：毕业生年终就业率100%，用人单位满意度99.84%，专业对口率超过92%，工作一年，平均月薪超过3300元……本科生、研究生吐槽"史上更难就业季"，江苏省吴中中等专业学校财贸专业的毕业生们却交出了喜人的就业成绩单。

财贸向来是大热门，殊不知，正是因为"热"，开办该类专业的学校众多。空前激烈的竞争中，如何脱颖而出，赢得企业、学生及家长共同的口碑？2013年4月，江苏省吴中等专业学校被教育部、人力资源社会保障部、财政部列为第三批"国家中等职业教育改革发展示范学校建设计划"项目学校。两年来，学校推进教育机制创新，突出专业建设特色，而财经商贸专业就是学校重点打造的一块"金字招牌"。该专业群中现有会计、物流服务与管理两个江苏省五年制高职品牌专业，中职会计为江苏省示范专业，还有电子商务、报关、商务英语、税务会计等重点专业。说到打造这块"金字招牌"的"法宝"，学校科研处处长、"国示范"项目办主任李建红给出了三个字："接地气"。

大数据"打底"人才培养按需定制，专业建设"接地气"

虽然离2015届学生毕业还有几个月，学校就业创业指导办公室主任蒋连香已经开始忙碌地统计和计算数据了。"2015届学生初次就业率预计超过97%。"她笑着对记者说，她的依据是手边的《专业人才需求调查表》、《专业毕业生调查问卷表》和《用人单位对毕业生评价表》等"大数据"素材。

人才培养，规划先行。为掌握苏州市及周边地区市场经济对财经商贸专业人才的需求状况，清楚用人单位对专业人才的知识、能力和素质要求，学校是花了大力气的。"技能型人才培养必须'接地气'，和行业需求对接。"李建红说，通过充分而务实的专业调研，他们撰写完成了《专业毕业生调查跟踪分析报告》、《专业人才需求调研分析报告》。"比照这些数据，我们能发现一些趋势，比如发现商务英语专业毕业生的需求量在降低，我们在去年9月就把这个专业调整为国际商务；同样的，当我们发现会计专业毕业生就业的主要流向已慢慢由银行转向企业，我们在课程设置上也就立刻调整，更多加入企业需要的技能培养。"

了解企事业单位对财经商贸人员的需求和知识、素养、能力的素质要求，如实分析专业建设中存在的问题，才能真正理清专业发展的思路。为此，学校定期邀约众多相关企业的专业人员进校洽谈。蒋连香主任告诉记者，本月17日学校就刚刚做过一次校企恳谈会，33家企业的人事经理来到学校进行交流。去年，正是基于对近百家企业的三轮详细调查，校方形成了会计系列岗位能力的初步标准。

学校借助省物流学会、省商贸职教集团、市物流职教集团、区财政会计学会等行业学会集团的资源优势，还召开了专业建设委员会会议，校企共同制定课程体系、课程标准，共同进行课程开发、教材建设，共享教学资源，校企共管教学过程、融入第三方评价，完善教育教学评价改革，校企共监教学质量等全方位的合作。

教师下企业做"访问工程师"，"双师"培养"接地气"

人才培养，"双师"为先。学校创新师资队伍建设同样强调"接地气"。

朱玲娟老师刚刚结束了在南京瑞华会计事务所6个月的专业培训,她说:"这次培训让我受益多多,了解最新的市场动向、专业要求,让我对自己未来的教学有很多反思和启发。"学校与企业共建师资培训基地,安排专业教师下企业,保证专业教师每两年有2个月下企业的实践。专业教师通过顶岗实践,一方面对现代企业制度、企业生产经营、企业文化发展有总体了解,对企业各类岗位的人才需求及其知识、能力、综合素质有总体把握;另一方面,通过对具体岗位的实践操作增强了理性和感性相结合的操作能力。另外,学校专业教师实行"访问工程师"制度,让专业教师担任行业、企业顾问,受聘培训顾问等,将专业教师参与到企业的研发、职后培训和产学研一体化的建设中。

今年的省技能大赛中,"80后"老师沈金芳在会计实务技能比赛中获得了二等奖,这是苏州同类学校老师中最好的名次。说到自己的"小成就",沈老师特别感谢所在的名师工作室,"感觉就不是一个人在战斗了,强大的团队支撑让我特别有信心"。据介绍,在苏州市命名的60个名师工作室中,吴中中专的李建红信诚财会工作室、钱惠琴顺捷物流工作室成功入选。工作室共有团队成员25名,其中专家2名,校外教师2名,名师工作室成员制订个人发展规划和年度计划,做好对每位成员的过程化培养,做到有计划、有目标、有方向、有行动、有成果、有总结,一步一个脚印推动财经商贸教师向"一专多能"的"双师"、"名师"发展。

目前,财经商贸专业现有江苏省特级会计1名,苏州市名教师1名,苏州市会计学科带头人2名、物流学科带头人1名,苏州市"十佳"双师型教师2名、优秀双师型教师1名,苏州市姑苏高技能重点人才1名,吴中区学科带头人3名,吴中区高技能重点人才3名,高级物流师4名,注册会计师1名,会计师3名。

课堂职场"无缝对接"更自信,实训基地"接地气"

托盘货架、电子拣选区、入库理货区、发货区、取派发车区、干线发车区……走进学校的物流实训教室,俨然一个迷你物流公司。2011级男生严涛仔细地计算货单,正在设计最佳的物流方案,包括仓储和运输各个环节。他告诉记者说:"这样上课很有趣,很直观,感觉自己就是一个职场人,挺带劲的。"

人才培养,德技为重,模拟企业实景、项目化的实训就显得特别"接地气"。学校充分发挥行业、企业参与、集团办学等方面的指导作用,与企业共建校内实训室。比如与苏州用友公司、苏州用友新道有限公司共建的"沙盘实战训练室",将企业经营中的采购、生产、销售、财务及管理岗位的能力综合结合,模拟企业进行实战演练。ERP沙盘比赛连续4年获全国大学生沙盘比赛江苏赛区一等奖,2014年在全国比赛中获二等奖。

为了让学生们的实训、实习与企业"无缝对接",财经商贸专业先后与吴中国裕公司、苏州恒隆国际物流有限公司、德富信会计师事务所、吴中区财政会计学会开发区分会、苏州毅诚代理记账有限公司等39家企业签订了合作协议,承担财经商贸专业的订单培养、工学交替、教学见习、岗前培训、顶岗实习、共建校外实训基地、产学研等多形式的合作。其中10人以上校外顶岗实习基地数已达20家。

学校还引企入校,与某会计咨询有限公司共建产教研一体的"公司校园分部",充分借助记账公司中的代理记账企业数量多、行业门类齐、会计基础工作规范的优势,通过会计网络软件的远程操作,实行会计主管主导下,专业教师参与,学生会计社团实际核算的

"双赢"模式,解决了记账公司人才流动快、会计毕业生实习难、专业教师更新会计业务慢三大难点,成为会计专业校企合作的新典范。

严涛很坦诚地告诉记者,自己是名中考的失败者,"中考总分500分都不到",不过通过在吴中中专的几年学习,现在的他对自己的未来充满信心,近年来他代表学校参加省市级技能大赛屡获奖项,"越学越有劲,有一技之长,相信自己的路会越走越宽"。他爽朗的笑声,再次证明了"金字招牌"的魅力。

有人说,如今中考的竞争比高考还激烈,因为一旦中考失利,就会被普通高中拒之门外,成为职业类学校的学生。其实,如今的社会,毕业于中职院校技能过硬的人才,不少人获得了高薪的工作,拥有升职的前景,也有机会追逐自己的学历梦。

"出口"多元化,职业教育是座"立交桥",除了与专业对口的各级各类技能比赛机会,升学深造的途径还有很多,比如参加对口单招考试、读五年一贯制高职、参加成人高考、出国留学、选择中高职、中职本科衔接等等。对参加中考的初中毕业生来说,考进高中令人欣慰,但是踏进职业类学校大门,也不意味着只有成为蓝领这一种可能。

正所谓"条条大路通罗马",成才的道路也不是独木桥。只要坚定信念,坚持梦想,朝着更理想的那个自己全力以赴,那就是我们自己的完美人生。

此刻,你已经告别了初中生活,进入到职业学校读书,对"职业学校"这样一个全新的学习和生活环境会有什么感受呢?

职业学校是根据职业岗位的要求有针对性地实施专业知识与职业技能教育的学校,是通向职业世界的阶梯,是职业生涯中的"加油站"。

> "我要感谢职业教育让我有了这份特殊的经历,打开了我的视野。让我能够发展壮大。同时我希望现在选择中职教育的学弟学妹们能够认真学好自己的知识和技能,将来走向社会后才能更好的运用。"一位中职毕业生如是说。他告诫眼下的职校学生,绝不能养成浮躁心态,必须厚积薄发,规划好职场生涯,在就业过程中去找准定位和契机,才能志在成功。

尽管到职业学校接受职业教育,对部分同学来说不是最如意的选择,但是要知道,职业教育是任何其他教育所不能替代的,因为职业教育是培养直接为社会创造财富的高素质劳动者和专门人才的教育,承载着满足社会建设和发展需要的责任。越是发达国家,对职业教育越重视,接受过职业教育的人就越被重用,世界上大多数知名企业家和高技能人才都是从职业学校走出来的。在未来的职业道路上,职校生有着自身独特的优势。

一是动手能力强。在校期间的课程设置就是以企业需求为目的的,实际操作能力是职业学校学生的特长。一般在校期间就能获得相关的证书,如会计证、信息化工程师证等。

二是工作上手快。很多企业更愿意应聘者不需要太长的培训期就能直接接手工作,而职校生因为在校期间就接触相关岗位训练,走上岗位很快就能进入角色。

三是心态摆得正。职校生走上工作岗位后,能摆正位置,从基层做起,跳槽的频率远远低于高学历者。再者,薪资要求不高,能吃苦耐劳,这些都是受企业欢迎的原因。

四是遵章守纪好。企业化的管理模式是职业学校的特色,这为学生进入企业,服从安排、团结合作打下了良好的基础。

五是适应环境快。基于平和的就业心态,职校生在新环境下的生存竞争力也是一大优势。

六是年轻是资本。从学习经历来说,职校生比本科生学习年限短,这就意味着参加工作早。在其他学生还在求学的时候,职校生已经开始积累就业经验,年轻意味着机会。

作为职校生,我们要了解所学专业的优势、前景和职业要求,以及学校的有关政策、基础条件、教学服务设施等,再结合自己的特点和需要,为自己设定明确而详尽的学习目标,制订年度计划和实施步骤。勤奋学习、苦练技能、提高素养,让自己的职校生活充实而精彩。

> **要迅速实现五个转变**
> (1) 从接受基础教育到接受职业技能教育的转变;
> (2) 从初中生到职校生的转变;
> (3) 从升学思想到就业思想的转变;
> (4) 从他人管理到自我管理的转变;
> (5) 从要我学习到我要学习的转变。

2. 自我认识

> 加德纳的多元智能理论认为,人的智力结构至少由九种智力要素组成:
> (1) 言语—语言智力(verbal-linguistic intelligence)。
> (2) 音乐—节奏智力(musical-rhythmic intelligence)。
> (3) 逻辑—数理智力(logical-mathematical intelligence)。
> (4) 视觉—空间智力(visual-spatial intelligence)。
> (5) 身体—动觉智力(bodily-kinesthetic intelligence)。
> (6) 自知—自省智力(self-questioning intelligence)。
> (7) 交往—交流智力(interpersonal intelligence)。
> (8) 自然观察智力(naturalist intelligence)。
> (9) 存在智力(existential intelligence)。

在古希腊的阿波罗神殿大门上,写着一句闻名遐迩的箴言:"认识你自己",可见,认识自己是何等的重要。

尼采曾说:"聪明的人只要能认识自己,便什么也不会失去。"事实上,每个人都有巨大的潜能,每个人都有自己独特的个性和长处,每个人都可以选择自己的目标,并通过不懈的努力去争取属于自己的成功。

小调查

你对自己有多少认识？

（1）你有没有思考过自己是怎样的人？
□总在想　　□偶尔　　□很少想　　□从不

（2）你觉得了解自己吗？
□非常了解　　□有点了解也有点疑惑　　□不了解，没想过这个问题

（3）你觉得自己性格如何？
□成熟稳重　　□外向豪迈　　□随和洒脱　　□风趣幽默　　□内向害羞
□傲骨嶙峋　　□诚实坦白　　□热情大方　　□循规蹈矩　　□多愁善感　　□其他

（4）你清楚自己的兴趣爱好吗？
□非常清楚　　□有点清楚　　□说不清楚

（5）你有想要发展的兴趣爱好吗？
□有想发展的兴趣爱好　　□还没有想好发展的兴趣爱好

（6）你清楚自己的优缺点，能扬长避短吗？
□清楚，也能发挥优点改正缺点　　□清楚，但扬长避短有难度
□清楚自己优缺点，但不想改变　　□不清楚，但希望能有所改变

（7）你通常会在什么时候反思自己？
□经过一番努力获得成功后　　□遭遇挫折失意后　　□平时都会对自己进行反思
□身边的朋友给我建议后

（8）如果让你说20个"我是……"的话你能很容易说出来吗，主要消极还是积极？
□很容易　积极　　□很容易　消极　　□有点难　积极　　□有点难　消极

上述的8个调查，你可以很清晰地看到现有状况下你对自己的认识程度，在选择时出现的犹豫不决，就是对自我认识缺乏的表现。

认识自己是个持续的过程，正确认识自己是你出发的前提。只有不断将自己的错误形象清除，我们才能发现真正的自我，就好像早上把镜子上的水雾抹掉才能看清自己的面目。世界上最可怕的不是敌手，而是你自己。在你的生活中，有一个人需要你的支持、鼓励和理解，有一个人是你最可信赖的人，这个人是谁呢？又是你自己。在生活中，人们最先注意的是自己，还是别人？当然是自己。拿到一张集体照，个人的目光首当其冲不就是落在自己的身上吗？

○ 阅读

小蜗牛的愿望

有一只小蜗牛在草地的石凳上坐着休息,突然,它看见一只小白兔在草地上飞快地跑着。而小蜗牛不能和小白兔一样跑,它只能慢慢地爬,小蜗牛很难过,它心里想:"如果我不用成天背着这个硬硬的壳该多好啊!"

天使知道了它的愿望,对小蜗牛说:"我可以帮你实现这个愿望。"小蜗牛高兴极了,它说:"快点变吧!"说完,小蜗牛觉得自己变轻了,原来壳真的不见了,他非常高兴。

可是到了深夜,小蜗牛冻得发抖,这时它才知道身上有壳的好处。善良的天使又来了,把硬壳还给了小蜗牛,小蜗牛终于知道了自己身上的东西都是有用处的,一样也不能少,它不再羡慕小白兔了。

小蜗牛经历了一番痛苦才认清自我,我们也不断在跌倒和爬起中看清自己。认识自我,就是要认识自己的生理特点,认识自己的理想、价值观、兴趣爱好、能力、性格等心理特点。认识自我,必须搞清三方面:我要干什么?我会干什么?我能干什么?只有认识了自我,才能开掘自我潜能,才能发展自我、超越自我、升华自我。

3. 自我反省

有人活了一辈子都不能认识自己,对别人认识得很清楚,把握得很准确,而对自己却不认识,也不能准确把握;也有人感叹自己不了解别人,却认为完全了解自己,这些都是不能正确认识自己的表现。

"自省",意思是看见有德行或才干的人就要想着向他学习,看见没有德行或才干的人就要自己内心反省是否有和他一样的错误。扬己之长而避己之短,行能为之事而弃难成之作。

自省可自明,自律促自成,自强保自信。自省的目的在于自我改进。朱熹说:"日省其身,有则改之,无则加勉。"自省是为了看清自己、认识自己、接受自己,从而有后续地发展自己。

○ 阅读

迷失自我的虾

虾见到螃蟹身上有时呈现出好看的红色,很是羡慕,螃蟹告诉虾,它常常跑到陆地上晒太阳,当强烈的阳光照耀它时,身上便呈现出好看的红色。虾听后兴奋不已,一跃跳到了岸上,也学着晒起了太阳,结果却被太阳晒死了。

迷失自我的虾启示:虾没有充分认识到自身活动的规律和生活习性,盲目跳到岸上去晒太阳,可见,迷失自我的过程,也就是酿造悲剧的过程。存在之道其实很简单,只要不模仿别人就行了,适合自己的才是最好的。

先擦净你的窗户

一对年轻夫妇的家对面搬来一户新邻居。第二天早晨,在他们吃早饭的时候,年轻的妻子看到新搬来的邻居正在外面洗衣服。

妻子对丈夫说:"那些衣服洗得不干净,也许咱们这个邻居用的洗衣粉不好。"丈夫看了看妻子,沉默不语。

此后,每次邻居洗衣服,妻子都会这样评论对方一番。

大概一个月后,妻子惊奇地发现,邻居的晾衣绳上居然悬挂着一件干净的衣服,她对丈夫喊道:"快看!她学会洗衣服了。我想知道是谁教会她的。"

她的丈夫却回答道:"我今天一大早起来,把咱们家的窗玻璃擦干净了。"

在我们做出判断前,首先要看看自己的"窗户"是否干净。我们看到的东西取决于眼前"窗户"的纯净度。当你发现别人有问题的时候,应该先想想自己是不是有问题。其实,很多时候,我们总看到别人的不好,我们自己出了问题,往往自己还不知道。

"自省"非常重要,因为它是你生活的指南针,更是成功的基石。脱离了你自己,你就是处于一种极度茫然的状态,昏天黑地,崇尚顺其自然,现在很多的人,特别是你的同龄人,仍然是处于这样一种状态。人都贪图舒适,对思想上的解放也是舒适的一种途径,这就像一叶扁舟在汪洋大海中毫无方向、毫无顾虑地飘荡着,当风平浪静的时候都还好,一旦来了风暴,可能就只有等着沉入大海,到那个时候要是再想把它挽救回来,就真的是像大海捞针一样难了。这种极度茫然的状态将直接导致很多我们司空见惯的后果,比如一些人的生活是毫无计划的,其实就是没有任何动力和目标的牵引;一些人走上了一条错误的道路,因为没有自我意识,无法辨别是非;一些人心情是十分郁闷、痛苦或者恐慌的,因为他们被极不满意的客观环境所困惑,不知所措;一些人会觉得很无助,如果他是那种很依赖别人,对事事都持怀疑态度的一类人;一些人会觉得很空虚,因为他的生活毫无章法可言,自己都不知道要做什么。

各国"自省"警句

▲ 最困难的事情就是认识自己。(希腊)
▲ 自知之明是最难得的知识。(西班牙)
▲ 要想了解自己,最好问问别人。(日本)
▲ 只有在人群中间,才能认识自己。(德国)
▲ 天上的繁星数得清,自己脸上的煤烟却看不见。(马来西亚)
▲ 给自己唱赞歌的人,听众只有一个。(日本)
▲ 莫笑别人背驼,自己把腰挺直。(苏联)
▲ 最灵繁的人也看不见自己的背脊。(非洲)
▲ 越是无能的人,越喜欢挑剔别人的错儿。(爱尔兰)
▲ 每个人都知道鞋子挤脚的地方。(拉丁美洲)
▲ 自己的鞋子,自己知道紧在哪里。(西班牙)
▲ 自己的饭量自己知道。(苏联)
▲ 不会评价自己,就不会评价别人。(德国)

精英永远是少数,要做到精益求精一日不难,难的就是十几年如一日。贵在坚持,这几个我们耳熟能详的字,在我看来,实在是意义非凡!人的惰性是天生的,当然也肯定会受到客观环境的影响而不同程度地滋长。在我们通过"自省"并且精益求精的同时,要让它保持下去,是成功的关键之关键!关于坚持的故事就太多了,这里就不一一举例了,我在这里提它是想再一次把"过程走好"这个概念灼刻在你的心里。要是任凭惰性滋长,随性地给自己开后门找借口,这还能叫"过程走好"或者精益求精吗?

所以,道理都是这么简单,但要真正做到完美就是很难!这再一次阐述了为什么精英只是少数的道理!希望你能通过"自省"这把"万能钥匙"解开你心中所有的苦闷,保持高度的灵敏性的同时做到精益求精,来从更高层次去以最快的加速度超越你的同龄人,千万不要捡了芝麻,丢了西瓜!

祝愿你的人生从此与众不同!

自 测

问　题	完成情况
你意识到你已经告别你的初中生活了吗?	
你能接受自己作为一个职校生这样一个角色了吗?	
你能沉心思考你现在的专业选择了吗?	
你的现有优势有哪些?	
你将来的优势会有哪些?	
你能利用你的资源寻找到一些关于职校生成才的典型案例吗?	
你希望三年之后的你是什么样子的?	
你愿意为三年后的你积累哪些方面的正能量?	

第二节　不怕现在

导读

所谓迷茫，就是才华配不上梦想：大事干不了，小事不肯干；不想做手边的事，只想做天边的事。

——解除迷茫，就从小事做起，从身边的事情做起，能力不是从做大事得来的，而是从这些"不起眼"的事情中锻炼来的。小事不肯干的你，大事轮不到你，趁你跌倒还能站起来的时候，先学会脚踏实地。

〇 阅读

毕业后才知道

毕业后才知道：原来学生花钱最大手大脚

在学校的时候从来过的是衣食无忧的生活。钱的概念不知道，更何况花钱？待到毕业时，花钱容易赚钱难！看脸色、拍马屁；察言观色、见风使舵，为的是那几块血汗钱。平日花钱哪知俭？毕业方知挣钱难！

毕业后才知道：原来学习是如此重要

学校本是学习上进的乐园，但又是多么令学生放纵、迷茫！仿佛考上大学后，要全力弥补高中时代学习所留下的创伤！莘莘学子呀，学习好比逆水行舟！社会行走才觉所知仅仅无所有！

毕业后才知道：原来校园恋情真虚无缥缈

还在感叹"校园"号称绝无仅有的一方净土，便开始融入这"新型流氓"生产基地，成为其中一份子！女人翻脸胜过翻书多，男人换偶更比换衣快！都应了一句话："21世纪，不是大鱼吃小鱼，是快鱼吃慢鱼！"为了避免稍慢一步便只能捡些残羹冷炙的结果，也只能硬着头皮扛下去！美其名曰："人不风流枉少年，耶！"步入社会，方悟人情与世故；觉悟，觉误！

毕业后才知道：原来大学生已经不值钱

愁啊愁，为了工作就白了头！现今的大学生，就是社会的最底层！一出校门做苦工，少人关心少人问！每周六日火爆的人才市场，无论夏热还是冬寒，总是那么迷人！吸引了无数步入社会的"大"学生。为什么这么多的单位，对大学生总是一而再地亮红灯？

毕业后才知道：原来专业对口的的确很少

不离校不知道,一出校门吓一跳！拿着简历满街跑,对口专业真难找！学历文凭不顶用,能力水平才看好！学校教你的那些,第一,太古老,第二,学的也不好……实在不成,只能勉强糊口,一了百了！

毕业后才知道：原来大学生活不应有烦恼

在校生活,光嫌不好——老师管教,考试烦恼！走入社会才发现,学生才是活神仙；社会生活真艰辛,不仅毕业开头难,简直凡事都为难！领导张张嘴,跑得累断腿；钞票一天比一天更难赚,居然女友妈妈都嫌我长得寒酸！虽然没日没夜地苦干实干,但前方依然怎么也看不到岸！

毕业后才知道：原来宿舍生活挺好

离开母校后,住宿都成了困难！为省房租几毛钱,差点把嘴皮都磨穿！以前觉得宿舍吵,现在自己反倒更好……再也不用担心自己的"沙宣"被舍友偷偷用完,再也不用为了讨论一件事而呐喊！一切都是静悄悄的,只听见自己心跳声,偶尔伴奏点小偷的串门声！

毕业后才知道：要求严格的教师更值得尊敬

在学校的时候,总是喜欢听那些讲故事、侃大山的老师的课,因为既轻松,又不怕期末补考。工作了才明白,原来老师该交给自己的知识竟然没有教,现在还要自己一个人回过头去啃书本……

毕业后才知道：原来食堂师傅比老板友好

"这是什么态度？"在校园特指"食堂打饭的师傅"。碰着心情好时,就多给几块肉；碰着他不爽时,你就甭想有个好吃头。骂他几句是经常的事！转到社会大学才发现,不管心情如何,永远都是老板有理！即使你浑身是嘴,为了端手上的这碗饭,就甭想找到说理的地儿！

毕业后才知道：原来校园生活如此美妙

令人向往的校园生活摆在我的面前时,我没有珍惜,等到失去以后才后悔莫及。人世间最痛苦的事莫过于此！如果上天能够给我个"再来一次"的机会,我愿对那菁菁校园大声说："我爱你！"

与其等到毕业后来追悔莫及,不如把握现在不留遗憾。也许你的现在并不是你要的"现在",但你可以用行动,将你的"现在"创造成为你要的"现在"。

1. 现状分析

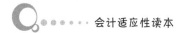

你了解你的"现在"吗？

(1) 你为选择中职校而感到过自卑吗？
□总是　　□偶尔　　□很少想　　□从不

(2) 你来到新校园后,对学校环境满意吗？
□非常满意　　□可以接受　　□说不上来

(3) 你每月生活费大约花费多少钱?
　　□500元以上　　　□300元-500元　　　□300元以下
(4) 你对校园情侣的看法?
　　□羡慕　　　□讽刺　　　□淡漠　　　□其他
(5) 你有想过自己的课余时间怎么安排吗?
　　□有合理的安排　　　□想有所安排但没实际行动　　　□没想过,跟随大流
(6) 你晚上会在几点休息?
　　□11点以后　　　□9点—11点　　　□9点前
(7) 你在校期间最想做什么?
　　□有明确的目标　　　□跟随大流　　　□没有考虑过
(8) 你有参加校园活动的想法吗?
　　□有　　　□有想法但不太敢参加　　　□还是默默无闻最好
(9) 有机会要你改变下目前的作息习惯,使之更健康,你会接受吗?
　　□会　　　□看情况吧　　　□不会

一个人若是掌握不了现在,就看不到未来。如果你还在为自己现在的选择感到伤悲和埋怨,那请你抬起头来,望向远方。

LESSON IN LIFE

A wise man sat in the audience and cracked a joke. Everybody laughs like crazy. After a moment, he cracked the same joke again. This time, less people laughed. He cracked the same joke again and again. When there is no laughter in the crowd, He smiled and said: You can't laugh at the same joke again and again, but why do you keep crying over the same thing over and over again?

生活的一课

一个智者坐在观众面前讲了一个笑话,每个人都捧腹大笑。过了一会,他又把这个笑话重新讲了一遍,这次,很少的人笑,他把这个笑话讲了一遍又一遍,直到没有人再笑的时候,他微笑着说:你不会因为一个笑话一遍又一遍地笑,但是为什么,你会因为一件事情,一遍又一遍地哭呢?

三年,数千日夜,你为你的在校生活做好了哪些准备?

(1) 了解校园环境,教学区、实训区、宿舍、食堂、运动场、图书馆等主要分布在哪里,拟定你每天的行走路线,关注春夏秋冬带来的环境变化。

(2) 了解每天课程安排、作息时间,这样有助于你合理安排你的业余生活。

(3) 了解每位授课教师,他们是你的领路人,你可以在学习过程中少走很多弯路。

(4) 了解你的专业特色、专业活动,你现在知道的越多,你就比你的同学走得更快。

(5) 独立完成作业,这会让你面对考试时应付自如。

(6) 每天锻炼,你会知道身体棒是一个多么大的竞争资本。

(7) 参加各类活动,练就自己胆量。

2. 健康心理

李中莹老师曾经总结出了"健康心理"应具备的36项能力：

思想态度——最基本的处理生活中各种事件的态度。
学习提升——保持与时共进、乘风驭浪的能力。
自我管理——有效地照顾自己的人生。
人格发展——有效地为自己进行定位。
情绪智能——做自己情绪的主人。
人际沟通——有效地与其他人相处。

扼要解说：

◆ 思想态度

（1）对所有的人、事、物都抱着"三赢"的态度：我好、你好、世界好。
（2）常怀着"我如何能做得更好"的态度。
（3）经常思考如何提升自己的能力。
（4）在困难时能够刻苦、坚持。
（5）灵活。
（6）有创意，富有幽默感。

◆ 学习提升

（7）对很多的事物都有兴趣。
（8）有效地运用内感官。
（9）想掌握有关的学问和知识。
（10）多问："为什么"和"如何"。
（11）不满足于简单答案而想了解更多。
（12）有尝试的勇气，可以付诸行动。

◆ 自我管理

（13）自己可以做到不假手于他人。
（14）自己想要的自己去争取、创造。
（15）以自己能够照顾自己为荣。
（16）爱护和尊重自己。
（17）有效地管理时间。
（18）有效安排自己要做的事。

◆ 人格发展

（19）认识自己拥有和未有的能力。
（20）能够改变阻碍自己成长的信念。
（21）具备有效思维的能力。
（22）肯定自己拥有与别人一样的资格。
（23）尊重每一个人的界限。
（24）认识和珍惜自己能够做到的对世界的影响。

◆ 情绪智能
（25）明白情绪其实是来自本人的信念系统。
（26）接受自己的情绪。
（27）具有管理自己情绪的能力。
（28）关心别人的感受。
（29）明白负面情绪的正面意义。
（30）能够接受"失去"。

◆ 人际沟通
（31）有效表达自己的意思。
（32）能够主动与人接触。
（33）接受跟自己不同的人。
（34）能够妥善处理别人的不当言行。
（35）能够面对公众说话。
（36）良好的谈判辩论能力。

这36项心理素质，任何人都不会天生就有，而是必须在成长过程中培育出来。这些心理素质，不会限制一个人的人生取向和生活模式。相反地，无论在什么环境、做什么工作，都能够让这个人更开心、更成功。所有的心理素质，都可以在家庭、学校，经由他人或自我引导建立起来。

要做好吃苦的心理准备，任何一个专业的学习过程，都是一个筛选过程。

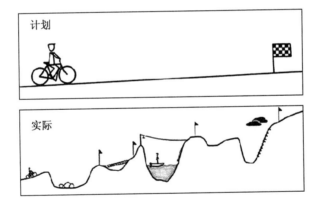

3．习惯养成

心理学理论认为：一个人的品行和习惯在童年时期开始萌芽，少年时期逐渐形成，青年时期基本定型。培根说："习惯真是一种顽强而巨大的力量，它可以主宰人的一生。"

○ 阅读

为自己负责

有个美国小孩问他爸爸："我们很有钱吗？"

爸爸回答他："我有钱，你没有。"

去年暑假，一个中国朋友把自己13岁的儿子送到了澳洲伯斯的朋友玛丽家，说要让儿子见见世面，请玛丽照顾一下，因此，玛丽就开始了她对一个未成年男孩的"照顾"。

刚从机场接回男孩，玛丽就对他说了一番话："我是你爸爸的朋友，在澳洲一个月的暑期生活，你爸爸托我照顾你，但我要告诉你的是，我对照顾你的生活并不负有责任，因为我不欠你爸爸，他也不欠我，所以我们之间是平等的。你13岁了，基本生活能力都有了，所以从明天起，你要自己按时起床，我不负责叫你；起床后，你要自己做早餐吃，因为我要去工作，不可能替你做早餐；吃完后你得自己把盘子和碗清洗干净，因为我不负责替你洗碗，那不是我的责任；洗衣房在那里，你的衣服要自己去洗。另外，这里有一张城市地图和公共汽车的时间表，你自己看好地方决定要去哪里玩，我有时间可以带你去，但若没时间的话，你要弄清楚路线和车程，可以自己去玩。总之，你要尽量自己解决自己的生活问题。因为我有我自己的事情要做，希望你的到来不会给我增添麻烦。"

13岁的小男孩眨着眼睛听着这位不许自己叫她阿姨，坚持要他直呼其名——玛丽的一番言语，心中肯定是有所触动的。因为在北京的家里，他的一切生活都是爸爸妈妈全盘负责。最后，当玛丽问他听明白了没有的时候，他说："听明白了。"是啊，这个阿姨说得没错，她不欠爸爸，更不欠自己，自己已经13岁了，是个大孩子了，已经能做很多事，包括自己解决早餐，以及自己出门，去自己喜欢的地方。

一个月之后，他回到了北京的家。家人惊讶地发现，这个孩子变了，变得什么都会做。他会管理自己的一切：起床后叠被子，吃饭后会洗碗筷，清扫屋子，会使用洗衣机，会按时睡觉，对人也变得有礼貌了。

正准备接受专业教育的你，应该意识到，年轻是你的借口，也是你的资本。你可以选择在课堂上呼呼大睡，你也可以培养自己全神贯注的注意力；你可以畏缩不前躲在人群中，你也可以站在聚光灯下享受大家给你的掌声；你可以晚上不睡早上不起，你也可以沐浴阳光享受甘露。

在校时间，足可以养成你某一习惯，或喜或悲。人生有几个三年，又有几个在校三年，在这些日子里，你打算给未来的自己一份多大的惊喜？

养成好习惯　成就好人生

老师们、同学们：

大家早上好！

跟随着岁月的脚步，我们来到了暖意浓浓的三月，在这个播种希望、生机盎然的时节，在这个伴随我们成长的旅途中，发生了许多让我们难忘的事。它们将在我们的人生历史长河抹上重重的一笔，其中充满了欢笑，也洒下了眼泪。

同学们，我想告诉你：哭过、笑过，别忘了赶路。因为我们的梦还没有实现。人生的花朵还没有绽放，命运的精彩还没有点亮。为了让那心动的时刻早日到来，为了使我们的拼搏不留遗憾，我今天给大家探讨一个老话题——好习惯成就好人生。

在学习和生活中，我们常常仰慕优秀的人，我们都渴望自己也成为一个优秀的人，但又似乎感觉优秀是一个遥不可及的目标，很难达到。其实，优秀离我们并不遥远，优秀体现在你我的一言一行之中,体现在一件件不起眼的小事之中。

优秀是一种习惯——这句话是古希腊哲学家亚里士多德说的。如果说优秀是一种习惯,那么懒惰也是一种习惯。人出生的时候,除了脾气会因为天性而有所不同外,其他的东西基本都是后天形成的,是家庭影响和教育的结果。一个中国的博士曾对德国的酒鬼做了细致的观察:他发现在德国即使是一个喝醉了的酒鬼,也不会随地乱扔酒瓶;而是摇摇晃晃,为手里的空酒瓶子寻找垃圾箱;找到后还会努力定定神,仔细看一下垃圾分类,再把瓶子放进去……这就是典型的行为习惯。德国人素以做事认真而闻名世界,一个酒鬼能做出如此的举动,正是因为平日里注重细节的养成所致。这也恰好印证那一句话:"如果你养成好的习惯,你一辈子都享受不尽它的利息;如果你养成了坏的习惯,你一辈子都偿还不尽它的债务;坏习惯能以它不断增长的利息让你最好的计划破产……"

怎样培养自己的好习惯?首先需要检查一下自己,反省一下自身的一些坏习惯。孔子说"吾日三省吾身",我们虽然达不到圣人的境界,但我们可以追求这种境界。我们今天可否一省吾身呢?

餐厅里随意插队,毁坏餐具,校园里、楼梯上、教室里随处可见的垃圾,这种景象与周围的树木花草是多么不和谐,这里面有你的责任吗?你留意过周围同学的语言吗?那脱口而出的脏字是不是很刺耳?这里面有你的声音吗?你对老师、长辈有礼貌吗?你对同学友善吗?你今天按时出早操了吗?你起床后整理床铺了吗?你上学的路上遵守交通规则了吗?你今天读书了吗?功课提前预习了没有?今天的作业你认真完成了吗?

千万不要以为这些都是寻常小事,正是这些寻常小事体现着你的个人素质。古人说"勿以善小而不为,勿以恶小而为之",这句话我们应当铭记在心。我们的校园每天都有很多的老师同学在辛勤整理,教学楼也有各班值日生在辛勤劳动,当你随手扔下一片废纸的时候,想到过他们的辛劳吗?你可能觉得这没什么大不了的,设想如果全校学生人人都扔一片废纸,校园是什么样?我们尊重别人的劳动了吗?把废纸扔到垃圾筒里去,其实并不需要花多长时间,费多大力气,只是举手之劳,说到底这是个习惯问题。

如果人人都养成好习惯,校园会是多么清洁、美丽。在优美的环境中工作、学习,人人都会心情舒畅。

我曾经读过一首名为《钉子》的小诗,内容是:丢失一个钉子,坏了一只蹄铁;坏了一只蹄铁,折了一匹战马;折了一匹战马,伤了一位骑士;伤了一位骑士,输了一场战斗;输了一场战斗,亡了一个国家。

刚刚读到这首小诗,感觉一个钉子能与一个国家有什么关系,这不是危言耸听么?细细品味,才发现诗里寓意着一个宏大的哲理,那就是:防微杜渐至关重要。要想成功必须从小事做起,从良好习惯的养成做起。

现代心理学家研究证明,一个人成才受的影响,非智力因素约占75%,智力因素约占25%。良好的习惯是非智力因素的最主要的方面。培养良好的习惯对学生的成人、成才是不可或缺的基础。正如培根所说:"习惯真是一种顽强而巨大的力量,它可以主宰人生。"

著名教育家叶圣陶先生说过这样一句话:"什么是教育?简单一句话,就是要养成习惯。"学生在学校,不仅要学好科学文化知识,更要进行能力培养和良好习惯的养成。这也正是以人为本的素质教育思想的真谛所在。

　　培养好习惯就是在追求优秀。追求优秀是一种积极的意识,这种意识可使一个人脱胎换骨,成就一个全新的你。"冰冻三尺非一日之寒"说明人的行为习惯的养成是日积月累的,并非是一蹴而就的。

　　再说一说同学们的语言。语言是用来交流思想、传情达意的,它应该是优美的、悦耳的。可在我们同学当中,出口成"脏"的现象很普遍,耳边时时响起这些不和谐音。有的同学似乎觉得说话不带脏字就不足以显示个人魅力,脏话连篇。这个坏习惯污染了校园的语言环境。这个坏习惯的形成不外乎两个方面的原因,一方面是由于成长环境的影响;另一方面恐怕是你对这个问题存在错误认识,错把丑陋当时髦。这种令人厌恶的行为,只能得到"素质低下"的评语。想得到别人好的评价、高的评价,靠什么?要靠你的优秀行为,靠你文明、优美的语言。如果你想成为优秀的人,如果你想得到别人的赞美,那么,从现在开始,改变自己,摒弃说脏话这个坏习惯,试着说"你好""谢谢""请"这样的优美语言,试着去面带微笑问候别人,你会发现自己是一个受欢迎的人。当大家都习以为常地相互问候时,校园里的声音会是多么和谐悦耳!

　　同学们,我们应当不懈地培养好习惯,用我们的优秀行为感染周围的人,影响周围的人。比如,出入教室时,轻轻地带上门;放学了,随手关上教室的灯;在公共场所,轻声慢步;见到老师,礼貌问候;上学路上右行,注意交通安全;等等。这些都应成为我们的习惯。

　　最后用著名心理学家威廉·詹姆士的一句话作为结束语:播下一个行动,你将收获一种习惯;播下一种习惯,你将收获一种性格;播下一种性格,你将收获一种命运。祝愿我们每个人都能养成好习惯,成就好人生。

自　　测

问　　题	完成情况
你的校园有多美?	
你的授课老师分别擅长哪些领域?	
你的专业特色是什么?有什么活动吗?	
你为你的专业学习做好了多少准备?	
你能剖析一下自己有哪些不好的习惯吗?	
你准备利用在校时间养成哪些习惯?	
你有想过自己的课余时间怎么安排吗?	
你愿意改变目前的作息时间吗?	

第三节　不惧未来

导读

《爱丽丝梦游仙境》中有个情节：

爱丽丝走到了一个岔路，不知何去何从，于是向柴郡猫请教。

爱丽丝问："我应该走哪条路？"

柴郡猫回答："那要看你想去哪里。"

爱丽丝说："去哪儿都无所谓。"

柴郡猫摇摇尾巴说："那你走哪条路也无所谓了。"

没有目标的人生是灰暗的，只会"坐"，而不去"做"，也就得不到那份来自心底的自我肯定与喜悦。

○ 阅读

金字塔顶的蜗牛

在金字塔顶，雄鹰看见一只蜗牛，甚是惊奇问："小蜗牛，是谁把你掉到塔顶上来的？""是我自己爬上来的。"蜗牛说。"怎么可能？你爬得那么慢，你的身体如此弱小，怎么可能爬到高高的金字塔顶？"雄鹰问，"如果每天坚持一点点，哪怕爬得再慢，日积月累也能创造出令人惊叹的奇迹！"蜗牛说。

1. 管理时间

现在与未来，只差一步的距离。时间是无法衡量的，即使你愿意花任何代价，它始终不为所动，并且会让你为曾经的不重视而付出代价。

时间有其长度，也有其宽度。管理时间，是与你的既定目标相关联的，也许你觉得你每天最多的就是时间，上课下课吃饭睡觉，重

时间管理的十一条金律

（1）要和你的价值观相吻合。

（2）设立明确的目标。

（3）改变你的想法。

（4）遵循20比80定律。

（5）安排"不被干扰"时间。

（6）严格规定完成期限。

（7）做好时间日志。

（8）理解时间大于金钱。

（9）学会列清单。

（10）同一类的事情最好一次把它做完。

（11）每1分钟每1秒做最有效率的事情。

复着教室—食堂—宿舍三点一线的生活,但你忽略了在这三点以外的自我时间,往往这些时间就是你凸显自我的资本。

我们一起来制订一张在校生活时间表。

首先,制定时不要脑洞大开,幻想每天 6:00 起床学英语之类的,因为这根本不靠谱!

计划意味着深思熟虑,尤其是要考虑计划是否具有可执行性。你需要认真地了解自己,看清楚自己所处的情况,千万不要动不动就向学霸们看齐。你要做的是"适合你的时间表",而不是"别人家"的时间表。

你要先明确一下自己希望实现的目标,并且整理当下正在进行的事项:

每周都在做的事情	需增加至本周的事项
起床	数学周测
上课	图书馆借阅一本专业书
吃饭	400 米测试
睡觉	校园十佳歌手初赛

将本周新增事项按优先级进行排序,并给定自己相关目标。

每周都在做的事情	需增加至本周的事项
起床	数学周测(看 1 遍书,完成一份自测卷)
上课	图书馆借阅一本专业书(会计入门,每天 30 页)
吃饭	400 米测试(一周 2 次下午自习前跑一圈)
睡觉	校园十佳歌手初赛(没有勇气参加的话,去鼓下掌也挺好)

你不需要全盘颠覆目前的生活状态,而应该循序渐进地改善。比如这个月先开始养成每天看 30 页书的习惯,直到你非常适应这个状态,能享受你正在做的事情。下个月,可以在时间表里添加一项新任务,如"每周运动一次",同时坚持每天阅读的习惯。在不知不觉中,你会发现自己能很好地适应新的时间表,而不再是之前的各种无力与拖延。

你的空隙时间应该被更大化地利用起来,它们看起来都像碎片一样小,但实际上它们累计起来也是一笔很大的财富。

空隙时间	可以这样被利用
课堂上	端坐,训练耐力、塑造形体
课间	吃个水果,健康生活
午休后	听英语、阅读
吃饭时	想创意、规划
上完课	跑步、听音乐
躺床上	冥想、反思

2. 培养兴趣

培养自己的兴趣爱好等于培养生命的活力，非常重要。有学生跟我讲，不想上学，就想待在家里，玩玩游戏上上网，听了之后我觉得有点悲哀，没有兴趣爱好的人，提前步入了老年，生命之旅是何等空虚，可悲的是，他还没有意识到这点，还在挥霍着点滴。

没有人知道自己喜欢什么、擅长什么，都是在进一步的试探和探索后，跟着自己的心在往前走。

我们在写个人简介的时候，通常会提到自己的兴趣爱好。有人写唱歌、看书、跑步、旅游等，也有人写游泳、钓鱼、看电影，兴趣的范围很广，你感兴趣的领域都可以称为你的兴趣，但你若对某件事感兴趣，就会热心于接触、观察这件事，积极从事这项活动，并注意探索其奥秘。所以我们用到这样的一个词——"培养"，兴趣是可以通过培养而得到的。

○ 阅读

"电视坏了"——记文学发烧友的养成之路

真正对语文产生兴趣要从我小学三年级说起，连续的阴雨潮湿终于让我家电视甩手罢工。无电视可看，于是乎爸爸妈妈纷纷拿起了书籍。我记得那些期刊的名字叫作《辽宁青年》。大人们看得那么入神，小小的我也不再满足于翻够了的儿童读物，像模像样地拿起了《辽宁青年》，从此踏进了一个缤纷多彩的"成人世界"。那时字也认不全，句子也读不懂，但是好奇永远是最纯真的动力。

于是乎我辨字识词，电视机也在妈妈刻意的安排下半年多没能够修好。

等到电视修好，那时我已陷入书海不能自拔。甚至撕下了所有辽宁青年扉页上的文章钉在一起保存起来。（厚厚一摞，至今还在）

让好奇成为兴趣，让兴趣成为习惯。

也许你拿起一本书的时候，心里还在想着手机上一张好笑的图片。现代技术的发展，充满了诱惑，你若深陷不能自拔，便会成为高科技下的失败者。"手机坏了"，给自己一个看书、跑步的理由，培养你自己的兴趣。

拿起本书的你，不再只定位于培养自己的兴趣，而要开始培养自己的职业兴趣了，尤其是关于会计、金融、管理方面的专业知识汲取，无论是为自己增长知识，还是为了工作，或为了日后做老板，都应该学习了解，要有意识地培养。

> **"手机坏了"**
>
> 开学时,我有了一个新的智能手机。它的功能实在太多了,我每天都在摸索,上课也想着,睡觉也想着,注意力也完全放在了手机上。直到有一天,我的手机坏了,我突然意识到已经是阳春三月,柳絮纷飞。我绕着校园跑了一圈,发现布告栏中多了好些活动表彰,发现我们的数学老师中午也在学生食堂吃饭。我到底错过了什么?

我该怎么办?

我自认为没什么经济细胞,买东西都不看价钱。较近的亲戚里有多位老师、公务员、医生,但没有任何从事经济类职业的人。但是现在他们都看好会计,且我家周围的学校会计专业最热门,我习惯听大人的话,所以想开始培养我的兴趣。

我很认真刻苦,不算聪明,老实没心眼,不太喜欢和钱打交道,不够自信,但对英语及其他外语很感兴趣,好强,很好强,总想出类拔萃,所以我选择了就很想把它做好。我该怎么培养对会计的兴趣、对钱、数的敏感度?学会计要具备哪些素质?在很优秀的大环境中要怎么保持自信?如果就是没兴趣,怎么把它做到最好?

职业兴趣是以一定的素质为前提,在生活实践过程中逐渐发生和发展起来的。成功的人生不是多次选择的结果,而是选定之后不断努力的耕耘。如果是零基础去学会计的话,最好带着目的去学,然后简单做个学习计划,这样学习起来才会有动力。

会计,充满我们的生活,有经济的地方,就有会计。比如,你在校学习,是要交学费的,那么学校收了学费以后怎么办、收的钱去哪里了?这就是会计问题;再比如,你上街买东西、吃饭等,总是要付费的,为什么有的东西贵,有的便宜?这也是会计问题。想要知道这些问题,学会计能够帮助你解决。

会计教材内容一开始可能有些抽象、理论化,你慢慢理解,学进去了,就越来越好学了,其实不难。再者,把会计两个字去掉,随便换成其他行业,估计回答也是差不多的,很少有人会一直热爱本职工作的,职业兴趣是在工作中慢慢融入的。

会计枯燥么?一般来说是这样,每个月都是重复劳动,初学者每天都在背理论条款,但想找点乐子也不难,网络上关于会计的话题非常多,会计的轮岗特性又要求学习者能广泛的汲取经济知识,你可以和身边同学讨论各种会计问题,看看有没有更合理的做法,还有内控流程的合理性,等等。把会计理论知识当成法律条文来学,每做一条分录都想想为什么,理论来源是什么,会很有意思。

职业规划对兴趣的探讨不能孤立进行,应当结合个人的、家庭的、社会的因素来考虑。了解这些因素,有利于深入认识自己,进行职业规划。行行出状元,会计学得精的话,是很好的。至于怎么样去学在下面会讲到,先讲下会计之路怎么规划比较合理。

3. 职业规划

没有规划的人生是不完整的,有什么样的目标,就有什么样的人生。有人做了一个实验,把一只跳蚤放在广口瓶中,用透明的盖子盖上。跳蚤在瓶子里不停地跳动,并撞到了盖子。经过数次的撞盖子后,跳蚤不再跳到足以撞到盖子的高度了。实验人员拿掉盖子,虽然跳蚤继续在跳,但不会跳出广口瓶以外。因为跳蚤已经调节了自己跳的高度,而且适应这种情况,不再改变。人也是一样:有什么样的目标就有什么样的人生。尽管许多人都明白自己该做些什么,但是目标的局限性束缚了他的才能。还有就是安于现状,缺少了奋斗和进取的精神。

> **穿越玉米地**
>
> 　　田野上,清新的风徐徐地吹来。铺展在你们眼前的,是一片果实累累的玉米地,同时,这又是一片隐藏着无数大大小小陷阱的玉米地,今天,你们即将穿越它。你和你的对手们将要进行一场有趣的竞赛:看谁最早穿越玉米地,到达神秘的终点,同时,手中的玉米又最多。也就是说,你穿越玉米地,要比别人更快,而且要时刻保证自己的安全——这是"玉米地游戏"的三个生存要素:速度、效益和安全。
>
> 　　你可以进行一万种以上的选择,再高明的数学大师都无法计算出这三者之间的最佳比例——或许世界上根本就不存在这样的公式。不同的状态,会产生不同的结果,而每一个最佳的方式,又因为客观环境和条件的变化而变化。穿越玉米地的过程,就是职业选择与决策的过程,N次的选择,将产生N种的经营状态和结局。

现在的你是即将踏入会计行业的准会计人,在职业路上积极探索,做好职业规划都将是你事半功倍的实现梦想的重要一步。

第一阶段:着重放在基础工作的夯实上。全面、扎实地做好本职工作,认真研究本行业的特点,养成良好的学习、工作、生活的习惯,培养自己的人脉意识,学会有效沟通,培养自己的职业人意识,这些基础知识都是对以后进一步发展具有决定性作用的,这也是实现从一个学生到职业人的转变的重要条件。

第二阶段:应该逐步从普通会计的角色转变到管理者的角色。也就是从普通会计到财务经理的转变,调整自己的知识结构,财务经理除了要有丰富的专业知识,还要熟悉企业全面的经营管理工作,并积极介入企业各项决策。

第三阶段:成为一个优秀的财务经理。一个优秀的财务经理需要具备基本的理财能力、沟通能力、领导能力、财务决策能力、协作能力、时间管理能力、创新能力、学习总结能力等。此外,当好参谋,协调上下级的关系,打造培养团队,辅助CEO决策,都是这一时期重点要锻炼和培养的。

○ 阅读

一位会计专业学生职业生涯规划书

职业生涯规划之自我分析

(1)我的性格和兴趣。

我的性格有些内向,但有时开朗、活泼。很积极向上,是乐观主义者,遇事都会从其好的一面观察,每天都会用微笑与别人打招呼。对事情大多抱有乐观态度。对挫折的承受力很强,对于成败看得很重,但大多数时候只是自己心里暗暗较劲。任何事情,只要我决定去做,就一定会尽自己最大的努力。

业余时间喜欢听轻音乐。有时会与同学聊天,谈论一些富有哲理性的问题,交流一下对问题的看法,或者讨教一些待人接物的方法;有时会独自一人躲在安静的环境中思考问题,反思自己,哪些做对了,哪些做错了,以及如何完善自己的人格和关注心理健康。懂得开导自己,并推己及人。待人真诚,体贴别人,喜欢帮助别人。

因为已打定主意考注册会计师,所以学习非常用功,学习态度也很端正。不太活跃,不主动参加参与性高的活动,不太喜欢喧闹的场面;语言表达能力一般,不善人际交往,在这方面缺乏自信;喜欢随遇而安,不喜欢领导、强制别人。

(2) 我的能力。

我现在拥有的能力:英语、计算机基础技能、会计专业基础知识及相应的实验技能。

(3) 同学、老师对我的评价

学习刻苦,成绩优秀,本性天真、单纯,缺乏社会实践经验,脾气好,做事细致,但考虑事情不周到,对事情的认识肤浅,不能看到事情的深层。

根据自身的情况,我觉得适合自己的行业有注册会计师行业和会计行业。

注册会计师行业前景分析

你知道谁可以合法地侦查经理的钱袋吗?答案就是注册会计师了。一般人看来,会计整天和钱打交道,是一份稳定且收入不菲的职业。不过随着中国经济与世界的接轨,国际会计准则的实施将给国内会计师的知识结构和能力水平带来极大冲击,一般的会计人员已经不能满足企业的需要,在一项名为中国未来十年紧缺人才资源的调查中,会计师位居榜首,尤其是通晓专业技术知识和国际事务的会计人才更为抢手,毫无疑问,会计师行业将成为未来人气较高的"金领一族"。

会计行业前景分析

会计作为一种商业语言,在经贸交往中起着不可替代的作用,在我国具有良好的就业前景。适应中国外向型经济迅速发展的形势,本专业旨在为国家培养一批既懂中国会计,又懂国际会计惯例的会计人才。为企事业单位、政府机关、会计师事务所培养具有良好思想素质和职业道德水平、基础扎实和具有较强业务能力、有较强外语水平和具有创造品质的会计与财务管理专门人才。在企事业单位工作的会计人员,经过几年的努力,可能会走上领导岗位,甚至走上非常高的管理者岗位。在跨国公司里边,有相当多的管理人员,是有非常强的会计背景,在一些金融机构、保险机构里也是。

我的规划

根据以上分析,我觉得自己做会计比较适合,而注册会计师则不适合我。

适合做会计的原因:我做事认真细致,有耐性,这种性格比较适合做会计。会计这个职业,越老越吃香,有了经验,不愁找不到工作,除了发生经济危机外。会计也有职称考试,分别是初级会计师、中级会计师和高级会计师。一般来说,毕业通过初级会计师职称考试是不太难的,只要付出努力,就有通过的可能。

不适合做注册会计师的原因:虽然这个行业比较吃香,但是我选择放弃它。首先,注册会计师考试的难度大,想通过七门的考试是非常艰难的。其次,注册会计师行业风险较大,不慎出具了虚假的审计报告将会带来很大的麻烦,甚至要坐牢。最后是会计师事务所的工作比较繁多的,自己也不适合做审计。

五年的职业发展目标

能力目标:毕业后半年内学会做一套会计账;毕业两年后参加中级会计职称考试,力争在两年内通过考试。

职务目标:第一年工作主要到小企业,从基层做起;在五年内成为一家中小企业的会计主管或者会计负责人(前提是必须拿下中级会计职称)。

应对策略

近期目标(在校三年期间):

(1)养成早睡早起的习惯,争取时间来学习,应对以后的工作。

(2)锻炼好身体,时刻准备接受挑战。

(3)考取会计从业资格证书,为走上工作做基本准备。

(4)参加学校活动,提高人际交流水平。

短期目标(毕业第1年):

(1)这个时期的主要目标是锻炼自己,提高自己的实务水平,努力积累经验。在这段时期里,尽量去一些中小企业找一份合适的工作就安定下来积极地做,主动了解公司的整个业务流程,主要了解整个会计实务的操作原理。工资要求不多,能保证吃住就行。这段时期我认为不适宜频繁跳槽,因为会计这一行经验是最重要的。

(2)这段时期,还要不间断地学习会计相关的理论知识,例如金蝶、用友、税务会计方面等与会计相关知识,为以后做会计主管打好基础。

(3)努力准备中级会计职称考试。这个考试要考三门,所以要提前一年准备,以保证能够一次性通过三门。在毕业第一年的时候,努力养成早起的习惯,这样可以争取时间学习备考。

中期目标(毕业第3~5年):

(1)这段时间正式参加中级会计职称考试,力争一次性通过考试。尽量减少不必要的娱乐生活,集中一切精力来备考。

(2)中级会计师拿到后,已经具备挑战会计主管的能力。这个时候,凭着自己四年的会计工作经验,争取早日当上会计主管这一职务。

长期目标(5年以后):

工作方面:工作稳定,能独当一面,业务能力较强。

学习方面:进一步学习相关金融、税法方面知识,提升不断更新知识的学习能力。

人际交往方面:与上下级关系融洽,熟练处理各种人际交往关系。

收入及家庭方面:获得与职务相匹配的收入,家庭生活幸福。

通过以上分析,我发现自己未来的路很辛苦,但我不怕。俗话说得好,没有方向的船永远是顺风的。因为我有方向,所以艰难险阻是一定会遇见,但一分付出总会有一分收获,我相信我的未来不是梦。

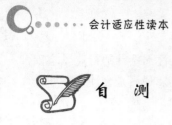 自　测

问　题	完成情况
你能制定出自己的在校生活时间表吗？	
如果请你提前 5 分钟起床，放慢走向教室的脚步，享受下阳光的沐浴，你愿意吗？	
你准备阅读多少馆藏图书？	
你为你的健康身体做好了多少准备？	
你每天花在手机上的时间有多少？	
你打算从哪些方面培养你的职业兴趣？	
你有开始你的职业生涯规划了吗？	
你到现在还在犹豫要不要学会计吗？	

第二篇 走近会计的浩瀚领域

第一节 会计历史

> **导读**
>
> 下面是有关会计的12个"历史之最",你了解多少?
> (1) 我国最早有关会计事项记载的文字,始见于商代的"甲骨书契"。
> (2) 我国最早设置会计机构的朝代是西周(前1066—前771),设"司会"主管会计工作。
> (3) 我国第一个创造"朱出墨入记账法"的是南北朝时期的苏绰,他规定以红记出,以墨记入。
> (4) 我国最早的会计专著是唐朝的《元和国记簿》和《太和国记簿》。
> (5) 我国最早设置"会计司"机构,是在宋神宗熙宁七年(1074)。
> (6) 我国第一部研究会计史的著作是《玉海》,作者是南宋的王应麟。
> (7) 中国最早复式记账法(龙门账)产生于明朝末年(1640),相传为山西人傅山所创。
> (8) 我国第一部《会计法》是1914年10月北洋政府颁布的。
> (9) 我国最早确认会计师职业,始见于1918年北洋政府农商部颁布的《会计师暂行章程》。
> (10) 我国第一个会计师公会是"上海会计师公会",1925年3月成立。
> (11) 我国第一位女会计师是1930年取得会计师执照的张生。
> (12) 1951年1月,《新会计》创刊,这是新中国第一本全国性会计月刊。

中国会计博物馆的网络首页上这样寄语——认识世界,认识会计,认识您自己。

会计是什么?在人类文明的历史长河中,会计究竟留下了哪些印记?对于人类社会的演进,会计发挥了什么样的功能?对于未来社会经济的发展,会计又将起到什么样的作用?

不识庐山正面目,只缘身在此山中。

或许,某一时刻,当您停下匆忙的脚步,静心涉入人类社会历史,在会计赖以存在和发展的社会环境中,于会计文明的历史遗存之间慢慢搜寻、品味与思索,或许会有更多领悟。

自从人类获知运用其智慧起,会计似乎多少已有存在的形式了。跟踪人类文明的演进,贸易的发达以及政府权力之增加,会计知识也逐年增多,不断改进。了解会计历史的发生、发展过程,总结历史的经验、教训及其历史运行规律,又通过历史问题与现实问题的结合研究,立足于为现实所进行的会计改革服务,具有重要意义。

1. 会计发展历史

这里讲述的是自先秦至中华人民共和国成立前中国会计活动的产生、发展的历史。先秦至秦汉,中国会计的历史源远流长,早在原始公社制时代,人们已用"刻记记数"和"结绳记事"等方法,反映渔猎收获数量及其他收支。这是最原始的会计活动。

到奴隶制时代,随着社会经济的发展和国家的建立,为适应统治阶级管理经济的需要,官厅会计部门产生并得到初步发展。西周设置了专门负责会计工作的"司会"官职,它与专门负责财物保管工作的官职"小宰"有明确的分工。会计部门内部设"司书"、"职内"、"职岁"、"职币"四种官职分别执掌财务与出纳。周朝还制定了一些财计管理制度,如收支报告制度、交互考核制度,以及宰夫所行使的就地稽查制度等。

在周代,会计一词已有了比较明确的含义,即所谓"零星算之为计,总合算之为会"。周代的官厅会计,不仅采用了类似凭证(当时的"书契"、"官契"等)、账簿(当时的"籍书")和"三柱结算法"等专门方法,而且有了叙事式会计报告(如《周礼》中讲的"日成"、"月要"和"岁会"报告)。

随着封建经济关系的产生、发展,中国会计有了长足的发展。战国至秦汉时期,官厅财计组织从中央到地方已初步构成一个经济管理系统。以"编户制度"、"上计制度"以及国家财政收支和皇室收支分别管理制为主干的财计制度的建立,以及秦汉御史监察制度的建立,是封建国家经济集权的重要体现。以"入、出"为记账符号,以上入下出为基本特征的单式入出记账法的形成,以"入－出＝余"为基本公式的三柱结算法的普及运用,以及在战国中后期会计账簿设置分为"恒籍"(汇总登记的会计籍书)、"籍"(专门登记粮草的会计籍书)、"苑籍"(专门登记厩苑的会计籍书)进行分类核算等,奠定了中式会计方法的基础。秦汉时,还随着商品货币经济的发展,采用了以"收、付"为记账符号,以上收下付为基本特征的单式收付记账法,并对一部分收支以钱币为计量单位进行核算。这是中式会计获得初步发展的重要标志。

隋唐至宋代这一时期,是中国封建经济发展的兴盛时期。会计、审计和国库组织发展到较为完备的程度。会计与出纳、会计与国库、现金出纳与实物出纳、签证单位与财物发放单位,以及审计与会计之间都有了明确的分工,各由专门的机构或人员负责。唐代的

"度支部"和宋代的"总计司"、"会计司"等专门组织的设置,表明了当时对会计的重视。唐代建立起来的独立的审计组织机构——比部,和行使财计监察的御史台及御史监察制度,以及后来宋代的"审计司"、"审计院"的设置,都反映了当时对经济监督工作的重视。唐宋时期计算各项赋税收入的计账户籍制度,以"量入为出"为原则的岁入岁出预算制度,财物出纳保管制度,要求自下而上逐级呈递"上计簿"的上计制度,以及监察制度等,已成为封建统治者加强经济控制的基本财计制度。唐宋时期出现了"四柱结算法"和"四柱清册"。"四柱结算法"是按照"旧管"(上期结存)、"新收"(本期收入)、"开除"(本期支出)、"实在"(期末结存)这"四柱"特定的格式,定期结算账目的一种

会计方法。"四柱清册"是以"四柱"为基本格式,以"四柱结算法"为基本方法所编制的一种会计报告。"四柱结算法"的创立、运用和发展,"四柱清册"编报形式的产生、运用,是唐宋时代在会计方法方面的重大贡献。"四柱结算法"是系统反映国家经济和私人经济活动全过程的科学方法,它集中归结了中式会计的基本原理,是中式会计方法体系的核心与精髓,为中国会计从单式账法向复式账法的演变奠定了初步基础。从世界范围讲,"四柱结算法"中的"四柱平衡公式"(旧管+新收=开除+实在)和"四柱差额平衡公式"(新收-开除=实在-旧管)的建立、运用,比西式簿记中的平衡结算法的出现要早得多。

在唐宋时代,会计分析工作也有了进展,如在唐朝的《元和国计簿》和宋朝的《元祐会计录》中,就有计账、户籍的分析,国家财政收支的对比分析,以及针对具体问题进行的专门分析。宋代的《太平经国之书》和《玉海》,则是汇集会计史料的重要著作。在这一时期,中国民间会计也得到了发展,中国早期的金融业——柜坊,典当业——质库,以及为商业服务的货栈——邸店等行业也运用四柱结算法。

○ 阅读

宋代文豪们的会计情结

这里的五位宋代文豪,他们是我国文学家队伍中出类拔萃的代表,他们的会计水平和文采一样,超凡卓越,为后人称颂。

宋初的统治者励精图治,对政治、经济等进行了一系列的改革,取得了明显成效。改革促进了社会生产力的发展,调动了百姓的生产积极性,促进了农业的经济增长,增加了农民收入,提高了农民生活水平。活字印刷术的发明、交子的广泛使用,为宋朝工商业的繁荣、经济和文化的超常发展创造了前所未有的契机和动力。经济基础的坚实推动上层建筑的发展,带动了宋代文化事业的超常发展,宋代的文学艺术盛况空前,宋词更是独具魅力、独领风骚。伴随着社会经济的发展,一支优秀的文学家队伍异军突起,这支队伍以唐宋八大家的优秀代表为首,他们不仅文采出众,而且个个精通会计,善于理财,这是宋代文豪与其他历代文人不同的地方,在历史上留下了优美、动人、奇特的篇章。

王安石(1021—1086)，中国宋代改革家、思想家、文学家。字介甫，号半山。江西临川(今江西抚州)人，世称临川先生。庆历二年进士第四名及第。王安石担任官吏后，力主变法革新，深得宋神宗和封建士大夫的信任。熙宁二年，他出任参知政事，次年，升任宰相，从此开始了大张旗鼓的改革。王安石认为理财是宰相要抓的头等大事，只有发展生产、节约支出，才能做好国家财政经济工作，才能真正实现国富民强。在实施改革中，王安石把发展生产力作为当务之急摆在头等重要的位置。在发展经济和促进农业生产方面，实施了《均输法》，减轻了纳税户的许多额外负担；建立了《市易法》，限制了大商人对市场的垄断行为，增加了国家的财政收入；实行了《青苗法》，使广大农民能够"赴时趋事"，减轻了农民负担，提高农民的生活水平；采用了《农田水利法》，使贫瘠的土地变成了良田，增加了农民收入。通过王安石的变法图强措施的实施，宋朝经济出现了一定程度的繁荣景象，正当王安石的改革措施初见成效、逐渐走向成功之时，他的经济改革也开始面临厄运。由于变法触及当时大地主、大官僚的利益，一股强大的反对势力开始施加压力，最后变法不得不停止，王安石也不得不辞去宰相职务，闲居江宁府。王安石是唐宋八大家之一，其文学素养和政治才能出类拔萃，而其理财的理念和能力与文学水平和政治才能相比，更是毫不逊色。

曾巩(1019—1083)，字子固，南丰(今江西南丰)人。他是唐宋八大家之一，也是中国北宋时期著名的散文家。嘉祐二年(1057)考中进士，任召编校史馆书籍，官至中书舍人。曾巩是欧阳修古文运动的支持者和参与者，以散文见长，也能写诗。《宋史·曾巩传》评其文"立言于欧阳修、王安石间，纡徐而不烦，简奥而不晦，卓然而自成一家"。曾巩不仅文采出众，对会计也是非常精通的，他曾写《议经费》一文，论述了量入为出、开源节流对经济生活的影响和重要性，宋神宗看后对其给予了高度评价："曾巩把节用作为理财之要，目前谈论财政者，都未注意到这个问题。"曾巩认为："用之有节，则天下虽贫，其富易致也；用之无节，则天下虽富，其贫易致也。"曾巩在议论经费时，不是空洞地进行说教，而是采用了因素分析法，对景德、皇祐和治平三朝费用开支情况进行了对比分析，"景德户七百三十万，垦田一百七十万顷；皇祐户一千九十万，垦田二百二十五万顷；治平户一千二百九十万，垦田四百三十万顷。天下岁入皇祐、治平皆一亿万以上，岁费亦一万亿以上。景德官一万余员，治平并幕职州县官三千三百有余，其总三万四千员。景德郊费六百万，皇祐一千二百万。治平一千三十万。以二者校之，官之众一倍于景德，校之费亦一倍于景德。"曾巩作为一个文学家，其在会计上的造诣也很不一般。

苏轼(1037—1101)，中国宋代文学家、书画家。字子瞻，一字和仲，号东坡居士。眉州眉山(今属四川)人。嘉祐元年(1056)苏轼首次出川赴京应举，次年与弟苏辙同中进士，苏轼文采深受主考官欧阳修的赏识。苏轼一生虽经历坎坷、屡次遭贬，仍能挥毫泼墨、潇洒自如。文学造诣很深，诗、词、散文、书画等无一不精，脍炙人口之作甚多，在此不再列举。苏轼曾著《省费用》一文，其主旨大意与曾巩的《议经费》大致相同。苏轼认为国有三计，"有万世之计、有一时之计，有不终月之计"。凡"计"均应以费用为中心，费有计，则国安。如能节天下无益之费，使国有储备，则无大患难。苏轼通过理论分析阐述了节约费用开支对国家的好处和意义。在苏轼为官的生涯中，他都能以会计的思维和理财的方法为当地的百姓增加财源。提高生活水平，无论走到哪里，他都为当地百姓做实事、做好事，深受老百姓的欢迎和喜爱。

苏辙(1039—1112),中国北宋散文家。字子由,自号颍滨遗老。眉山(今属四川)人,嘉祐二年(1057)进士。官至尚书右丞、门下侍郎,执掌朝政。晚年隐居著述,与其父苏洵、其兄苏轼合称三苏,位居唐宋八大家之列。元祐初年,苏辙与户部尚书李常等人主编了《元祐会计录》三十卷,并为该书作序。苏辙认为:凡节冗官,精士卒,克众用,便国富有余。若冗员充积,国用奢侈,积糜耗多,便会导致财匮不给。《宋文鉴》卷八十七记载:其在《上皇帝书》中以'去冗'为主题,发表了自己关于节约费用支出的看法。他认为:害财者三,一曰冗吏,二曰冗兵,三曰冗费。而要做好会计核算工作,做到节约支出,就必须"以简自处,而以繁寄人。以简自处,则心不可乱。心不可乱,则利至而必知,害至而必察。以繁寄人,则事有所分。事有所分,则毫末不遗,而情伪必见"。也就是说,在会计工作中,手续、程序要简便易行,账簿设置要少而精,冗员冗费减少了,才能节约支出,使机构运行合理有序。

黄庭坚(1045—1105),北宋文学家、书法家。字鲁直,自号山谷道人,又号涪翁,分宁(今江西修水)人。能诗文及词,为苏门四学士之一。他是治平进士,以校书郎为《神宗实录》检讨官,迁著作佐郎。后因修实录不实的罪名被贬。病逝于宜州(今广西宜山)。公元1101年4月,黄庭坚到湖北去访友。在荆州的路上,正好邂逅自己八年未见的老朋友李辅圣,心里异常激动。从元祐八年(1093)分手,此时已经是八年未见。突然在荆州相见,两人都是非常激动。黄庭坚赋诗一首相赠,诗中以会计的有关知识和老友叙旧,并和老朋友开了个玩笑。此诗诗名《赠李辅圣》,记载于《黄山谷年谱》一书中。诗的全文如下:

> 交盖相逢水急流,
> 八年今复会荆州。
> 已回青眼追鸿翼,
> 肯使黄尘没马头?
> 旧管新收几妆镜,
> 流行坎止一虚舟。
> 相看绝叹女博士,
> 笔研管弦成古丘。

诗的大意是:时光流逝,转眼已经八年过去了,没有想到今天我们竟然意外地在荆州相会了。这么长时间了,老朋友有几位红颜知己相伴啊?你过去的和现在新收的红颜知己一共有多少啊?那个吹拉弹唱、色艺双绝的女博士——孔君还好吗?

诗人这里运用了在宋朝官厅会计中常用的会计核算法——四柱清册法的知识和老朋友李辅圣叙旧。诗中涉及的"旧管"、"新收"本是四注清册法中四注中的二柱,其他二柱为"开除"和"实在"。四柱清册法始于唐朝,盛行于宋朝,是一种重要的会计核算法。四柱清册法在当时来讲,其先进程度远远超过西方。四柱清册法写成公式就是:

旧管 + 新收 = 开除 + 实在

或:旧管 + 新收 – 开除 = 实在

它相当于今天的:

期初余额＋本期增加额＝本期减少额＋期末余额

或：期初余额＋本期增加额－本期减少额＝期末余额

相传，在宋朝士大夫家中，买歌妓侍妾是很平常的事，诗中以"妆镜"比喻女人，诗人以玩笑的口吻逗李辅圣"旧管和新收"了多少女人，开除了孔君，现在还"实在"多少个女人啊！诗人是以俗为雅，雅俗共赏也。这也充分说明了黄庭坚对"四柱结算法"是十分精通的，这些从侧面说明了宋朝的官厅会计和社会经济发展情况。

比黄庭坚稍后的辛弃疾诞生于公元1140年，逝世于公元1207年。辛弃疾字幼安，号稼轩，历城（今山东济南）人。辛弃疾一生主张抗金，年轻时，激情满怀，大有"金戈铁马、气吞万里如虎"的豪情壮志，一心想驱除金人，建功立业。只可惜，平生抱负，未能实现。其名作《鹧鸪天》有"却将万字平戎策，换得东家种树书"，表明了他报国志愿未能实现，愤懑不平的心情。辛弃疾晚年退居江西上饶一带，并取"人生在勤，当以田力为先"之意，自号稼轩。其词在数量上超过前辈和当时的作家，风格多样，以豪放为主，与苏轼并称"苏辛"。辛弃疾晚年仿效晋代隐士陶渊明，过着恬淡、舒适的田园生活，有词为证。

万事云烟忽过，

百年蒲柳先衰，

而今何事最相宜，

宜醉宜游宜睡。

早趁催科了纳，

更量出入收支，

乃翁依旧管些儿，

管竹管山管水。

这首词见于《稼轩长短句》卷十，《西江月·示儿曹以家事付之》。它基本上反映了辛弃疾晚年的生活和心境。辛弃疾一生对政治、军事、经济都有着深刻的见解，对会计核算亦深有研究。这首词的下半部，以掌管家事而悠然自得，以计量收支而称心自娱。词中所用"出、入"乃当时官厅会计所用记账符号，"收、支"乃民间会计常用的记账符号。辛弃疾将之用到自己的词中，自有一番新意。归纳起来，主要是表明：第一，家计核算非常重要，不当家不知柴米油盐贵；第二，向自己的孩子们表明，自己虽然老了，但不是白吃闲饭的，自己是有掌管家计才能的；第三，以俗为雅，显示出他自然恬淡、看破红尘、超然物外的达观思想和风度。

众所周知，我国封建社会的会计发展非常缓慢，会计人员的地位也很低微。在会计地位与发展同样不受重视的宋朝，却诞生了如此众多精通会计业务、善于理财的文学大师，这不能不说是一个奇迹！遗憾的是，正当宋代的统治者捍卫和加强封建统治的时候，在西方却正在酝酿着一场震惊世界的资本主义革命，它以摧枯拉朽之势改变了世界发展的格局，从而使西方诸国跃然成为世界强国。在这场革命的发源地——意大利，诞生了被史学家公认的近代会计之父——卢卡·帕乔利。如果这场革命也同样发生在我国的宋代，也许近代会计之父的桂冠就会花落于本文所推介的这些宋代文人墨客头上。然而，历史就是这样的滑稽，它真的能翻手为云、覆手为雨！

明清这一时期，是中国单式簿记的持续发展和复式簿记产生的时期。随着资本主义经济关系的萌芽和产生，在民间商界产生了中国固有的复式账法：

"龙门账"：它把全部经济事项划分为"进"（各项收入）、"缴"（各项支出）、"存"（各项资产）、"该"（各项负债和资本）四大类，遵循"有来必有去，来去必相等"的记账规则处理账目。龙门账的特色表现在年终"合龙"结算方面。凡进项减去缴项等于存项减去该项者，为"龙门相合"，否则为"龙门不合"。

"四脚账"，又名"天地合账"：此种账法有两种结册编制，一为"彩项结册"，相当于近代的"损益计算表"；一为"存除结册"，相当于近代的"资产负债表"。"四脚账"的试算平衡，勾稽全部账目是在"存该结册"上进行的，该册分上、下两部分，上部称为天方，下部称为地方。凡上、下两部分数额吻合谓之"天地符合"，否则为"天地不合"。在当时，这两种账法代表着中国会计的先进水平。

1840年鸦片战争后，中国会计出现了中式会计的改良和借贷复式簿记的引进同时并存的局面。清末，蔡锡勇（？—1896）《连环账谱》（1905）一书，为中国引进借贷复式簿记之开端；谢霖（1885—1969）与孟森合著的《银行簿记学》（1907）一书，为引进借贷复式簿记创造了条件。1908年大清银行创办之时，即采用现金收付复式记账法，为中国改良中式簿记之先声。

中华民国时期，大型工商企业一般采用借贷复式簿记，中小型工商企业一般采用中式收付簿记。20世纪30年代会计师徐永祚（1891—1959）发起了改良中式簿记运动，拟订《改良中式簿记方案》（1933），但未能广泛推行。与此同时，会计师潘序伦（1893—1985）通过创办立信会计师事务所、立信会计学校和立信图书用品社编著、出版多种会计书刊，使借贷复式簿记在中国得到广泛传播。此外，北洋政府和国民党政府先后颁布过会计法及其他一些会计法规，但未能贯彻执行。

墨子：善守者的会计智慧

墨子（前468—前376），名翟，战国时期宋国人，一说鲁国人，著名的思想家。墨子在军事方面以守城见长，其著作《墨子》一书也成为中国古代战争中最著名的守城战术典籍。由于守城极其重视物资和装备，《墨子》一书中建立了记账、算账等会计制度，突显难得的会计智慧。

精确的会计核算

《墨子·杂守》："救死之时，日二升者二十日，日三升者三十日，日四升者四十日，如是而民免于九十日之约矣。"在战争时期,粮食是十分紧张的,如果每人按每天 2 升吃 20 天计算,每天 3 升吃 30 天计算,每天 4 升吃 40 天计算,并且付于实施,那么,每人就可能节约 90 天的粮食,就能使一个老百姓不至于饥饿而死。也就说每个士兵如果能节约 90 天的粮食,就可以拯救一个老百姓的生命。墨子这种精打细算的方法对军队补给管理做出了重大贡献,也是会计核算制度的重要体现。

规范的簿籍登记

《墨子·杂守》:"寇近,亟收诸杂乡金器若铜铁及他可以左守事者。先举县官室居、官府不急者,材之大小长短及凡数,即急先发。"意思就是,如果敌兵逼近,就要加紧收集偏远地区的金器、铜铁及其他可以用来制造武器的金属,先调查登记造册,将各官府中不急需要的物品、木材,不管大小、长短及多少,赶紧发送进城,以免留给敌人作为进攻我们的武器。墨子的这一主张,体现了调查、登记并进行造册的会计智慧,并将其很好地运用到军事实践中来。

《墨子·号令》:"度食不足,(食)[令]民各自占家五种石升数,为期,其在(莼害)[薄者],吏与杂訾。"意思就是在粮食不足时,墨子主张要向百姓征集粮食,规定征集日期,征集的粮食要记账登簿,支付钱物。同时,墨子还规定开具"缴纳单",并规定其格式。此处体现的会计智慧在于建立账簿和凭证。

等价交换等会计原则

《墨子·号令》:"收粟米、布帛、钱金,出内畜产,皆为平直其贾,与主券人书之。事已,皆各以其贾倍偿之。"墨子提出,向百姓征集粮食时,对于征收好的粟米、布帛、牲畜都要"平直其贾、与主券人书之",意思就是公正估价,并开具征收证明,还要写清征收物品的数量和价值,等待战事结束后,一律"以其贾倍偿之",即按原来价值的双倍偿付。此处体现的会计智慧在于提出了按"公允价值做资产评估"、"等价交换"及"双倍偿付"等会计原则。

重视存货

《墨子·杂守》:"令民家有三年畜蔬食,以备谌旱,岁不为。"建立仓库贮存蔬菜食物,使老百姓贮存的蔬菜粮食能够吃三年,用来防备水灾、旱灾或歉收年景粮荒。

《墨子·杂守》:"吏各举其步界中财物可以在左守备者上。"各级地方官员都要调查和征收所辖地区可以用来辅助打仗的财物,一律上交国家,防止资源浪费和被敌人利用。此外,对于战利品或剩余物资,一律"令其人各有以记之","事为之券,书其枚数",登记在册,收缴入库。

由此可见,墨子重视存货有两大作用,一是为己方备不时之需,二是防止资源被敌方利用。上文中"材之大小长短及凡数,即急先发"也体现了这一智慧。

2. 现代会计发展

1949 年 10 月 1 日中华人民共和国成立,从此,中国会计进入到一个新的发展时期。

◆ 现代会计发展史上的第一

第一个国家最高会计管理机构:1949 年 12 月 12 日,中央人民政府在财政部设立了会计制度处;1950 年 9 月将该处改设为会计制度司,由该机构承担建立全国统一的会计核算和会计报告制度的任务。由此第一次建立起我国国家最高会计管理机构。

第一部会计核算行政规章：1950年3月3日，政务院公布《中央金库条例》，这是新中国在会计核算制度方面颁行的第一部行政规章。条例规定：设立中央金库，各级金库均由中国人民银行代理，一切国家财政收入均由经收机关按照规定期限全额交纳同级金库，除有特别规定者外，不得坐支及自行保管；金库款的支配权属于财政部，各级金库间存款的运解调度权属于中央总金库。3月25日，财政部制订了《中央金库条例施行细则（草案）》并通知试行。《细则》对收解款项手续、支拨款手续、会计科目、账簿、报告制度、往来项目的处理等作了详细规定。1952年12月22日，财政部正式发出《中央金库条例施行细则》，对款项入库报解处理程序、库存收发手续等作了详细规定。

第一部统一会计制度：1950年3月9日，中财委发布《关于草拟统一的会计制度的训令》，指出现在各企业会计制度十分混乱，要求财政部设置专门机构统一审查。4月25日，财政部根据训令的要求成立了会计制度审议委员会。一个月后，重工业部首先拟定了《中央重工业部所属企业及经济结构统一会计制度》，并于7月1日开始施行。这是新中国第一部会计制度。尔后又有铁道部、邮电部、贸易部、卫生部、人民银行、中央合作事业管理局，以及出版总署等共计拟定了22个会计制度草案。统一会计制度的发布执行有效地规范了各类企业的会计行为，在会计核算方面形成了统一的局面，从而为1953年我国国民经济由恢复走向发展，以及步入计划经济建设时期创造了一个十分重要的条件，同时也为以后会计制度的建立打下了一个良好的基础。

第一本全国性月刊：《新会计》是我国第一本全国性的会计月刊，由会计名家杨纪琬创建并担任主编，1951年1月创刊。财政部副部长王绍鏊为月刊题写刊名。中国人民大学邢宗江、黄寿宸两位同志在《新会计》月刊创刊号上发表《怎样建立新中国会计理论基础》一文，认为会计是监督和管理物质生产过程的方法并同时提出了会计具有阶级性的观点。从第三期开始，《新会计》系统介绍了苏联的会计知识，该期译载了苏联财政干部教育局审订的教科书《苏联会计学教程》。以后各期陆续发表了关于当时会计学界最新动向的文章。该刊"发刊词"提出的办刊方向是：苏联会计经验介绍，政府会计法规传达，为编著会计教材做准备，展开会计专门问题的研讨，给大众会计学习以辅导，对实际会计疑难问题作详细解答等。

第一次清产核资登记：1951年6月1日，政务院财政经济委员会发布了《关于国营企业清理财产核定资金的决定》，规定全国国营企业的资产和资金重新清理登记。经两年工作，查清固定资产原值223.6亿元，净值158.9亿元，流动资金15亿元。

第一次实施复式记账法：1964年，我国首创并试点推行增减复式记账法。增减复式记账法是会计核算方法的一种。会计核算中，用"增"、"减"为记账符号，来表示资产、负债、所有者权益、收入和费用的增减变动。采用这种记账方法，要把全部账户固定地划分为两类。

第一次规定总会计师制度和会计人员技术职称制度：在修订1963年《会计人员职权试行条例》的基础上，国务院于1978年9月12日颁布了《会计人员职权条例》。该条例第一次规定了总会计师制度和会计人员技术职称制度。

第一部会计史稿：我国第一部会计史稿是郭道扬教授编撰的《中国会计史稿》（1982

年版,中国财政经济出版社出版)。郭道扬,中南财经大学教授。1994年被批准为会计学专业博士生导师,同年享受国务院特殊津贴;现任中国会计学会常务理事、中国会计教授会副会长、湖北省会计学会副会长、国际会计师学家协会学术委员、美国《会计咨询》杂志编委。《中国会计史稿》分上中下三册,83万余言,考察了中国从古至今历朝历代的会计学发展情况,内容翔实全面,被国内外同行誉为填补空白的专著。该书多次参加国际书展,1995年被评为普通高校首届人文社会科学优秀成果一等奖。

第一部会计法:1985年1月21日,第六届全国人民代表大会常务委员会第九次会议通过了《中华人民共和国会计法》。这是我国第一部会计法。1981年6月,财政部发出通知,正式成立《中华人民共和国会计法》起草小组。1982年8月7日至16日中国会计学会在四川乐山召开专题学术讨论会,对《中华人民共和国会计法》(讨论稿)进行了讨论,1983年2月24日,财政部将《中华人民共和国会计法(草案)》上报国务院审议,经过两年多的酝酿、讨论和反复修改,于1985年1月21日,中华人民共和国第六届全国人民代表大会常务委员会第九次会议审议通过,1985年5月1日起施行。该法共六章三十一条,它的实施标志着我国会计工作从此走上了法治的轨道。1993年12月29日第八届全国人民代表大会常务委员会第五次会议对该法进行了局部修订。

第一个具体会计准则:财政部于1997年发布了第一个具体会计准则——《关联方关系及其交易的披露》,旨在规范关联交易的信息披露,增加关联交易的透明度。这一准则的发布拉开了以后一系列具体准则相继出台的序幕。

◆ 会计法历程

1979年8月11日,财政部会计制度司研究形成会计法起草大纲,并起草第一稿《中华人民共和国会计法(供讨论草稿)》。

1981年6月,财政部成立《中华人民共和国会计法草案》起草小组,共19人,成员有会计、法律专家、教授以及部分财会部门会计管理工作者、基层单位会计人员。

1982年12月24日,财政部向国务院报送"关于送审《中华人民共和国会计法草案》的报告",向国务院上报《中华人民共和国会计法草案》及说明。

1984年4月24日,国务院常务会议对《中华人民共和国会计法(草案)》进行审议,并提出重要修改意见。

1984年7月2日,《中华人民共和国会计法(草案)》经国务院签署提请第六届全国人大常委会审议。

1985年1月10日,第六届全国人大常委会第九次会议再次审议《中华人民共和国会计法(草案)》。

1985年1月21日,中华人民共和国主席李先念发布第21号主席令:《中华人民共和国会计法》已由中华人民共和国第六届全国人民代表大会常务委员会第九次会议于1985年1月21日通过,现予以公布,从1985年5月1日起施行。《中华人民共和国会计法》共6章31条。这是新中国的第一部会计法,标志着我国的会计工作从此走上了法治的轨道。

1992年8月24日,财政部印发《关于进一步修订〈会计法〉调查研究的通知》,《通知》指出:为了进一步完善会计法,健全会计法制,根据国务院法制局《关于调整补充〈国务院一九九二年立法工作计划〉的意见》,拟对会计法进行修订。

1992年10月29日,财政部在北京召开修订会计法座谈会,来自国营企业、集体企业、三资企业、国家机关、事业单位、社会团体、主管部门、高等院校等单位的代表参加了座谈。

1993年10月5日,国务院召开专门会议,讨论通过了《中华人民共和国会计法修改草案》进行审议。

1993年10月8日,国务院李鹏总理签署了《国务院关于提请审议的议案》,提请第八届全国人大常委会审议。

1993年10月22日,第八届全国人大常委会第四次会议对国务院提交的《中华人民共和国会计法修正案(草案)》进行审议。

1993年12月29日,第八届全国人民代表大会常务委员会第五次会议审议通过《关于修改〈中华人民共和国会计法〉的决定》,中华人民共和国第17号主席令公布,自公布之日起执行。

1998年6月30日,财政部修改会计法座谈会在北京召开。会议对修改会计法的思路和目标、修改内容等问题进行了深入研究讨论。

1998年8月19日,财政部印发《中华人民共和国会计法修改草案(讨论稿)》,征求意见。

1999年5月25日,朱镕基总理主持召开第十八次国务院常务会议,讨论并原则通过了《中华人民共和国会计法(修订草案)》。会议认为,现行的会计法,对规范和加强会计工作,促进会计工作更好地为经济建设服务,起了积极作用。但是随着改革的深化、开放的扩大和社会主义市场经济的发展,会计法已难以适应形势的变化和国家加强宏观经济调控的要求。会议原则通过了《会计法(修改草案)》,待进一步修改后,将由国务院提请全国人大常委会审议。

1999年5月27日,国务院法制办公室、财政部主持召开座谈会,就会计法修订草案征求有关部门的意见。中央政法委、全国人大常委会法工委、最高人民法院、国家经贸委、公安部、监察部、人事部、中国人民银行、审计署、国家税务总局、中国证监会等部门的负责人参加了座谈会。与会代表对会计法修订草案和《关于惩治违反会计法犯罪的决定(草案)》进行了研究修改,并取得了一致意见。

1999年5月30日,国务院总理朱镕基签署《国务院关于提请审议〈中华人民共和国会计法(修订草案)〉和〈关于惩治违反会计法犯罪的决定(草案)〉的议案》,提请全国人大常委会审议会计法修订草案和《关于惩治违反会计法犯罪的决定(草案)》。《议案》指出:为了更加严格地规范会计行为,切实保证会计资料真实、完整,加强经济管理,提高经济效益,维护社会主义市场经济秩序,国务院有关部门在广泛征求意见、认真总结实践经验的基础上,借鉴国外的通行做法,拟订了会计法修订草案。同时,针对一些单位会计工作秩序混乱,管理失控,伪造、变造会计凭证、会计账簿或者编制虚假财务会计报告的现象时有发生,严重危害社会经济秩序的问题,为了保证会计法的实施,有力地制止违反会计法的犯罪,维护社会主义市场经济秩序,国务院有关部门经过认真研究、论证,并借鉴国外惩治会计活动犯罪的做法,拟订了《关于惩治违反会计法犯罪的决定(草案)》。这两个草案已经国务院常务会议讨论通过,现一并提请审议。

1999年6月22日,第九届全国人大常委会第十次会议开幕。受国务院委托,财政部部长项怀诚向常委会作了《关于〈中华人民共和国会计法(修订草案)〉和〈关于惩治违反会计法犯罪的决定(草案)〉的说明》。

1999年10月31日,第九届全国人大常委会第十二次会议修订通过《中华人民共和国会计法》。同日,中华人民共和国主席令第二十四号予以公布,修订后的会计法自2000年7月1日起施行。

◆ 会计重要会议

1951年11月1日,财政部召开第一次全国企业财务管理及会计会议,会上修订了各种国营企业统一会计制度,会计人员的职务、权利、责任等问题。

1952年10月17日,财政部召开第二次全国企业财务管理及会计会议,这是我国开始大规模经济建设,在财务会计工作上的重要会议。

1960年10月19日,财政部召开全国农村人民公社财务工作会议,着重检查各地区财政部门贯彻执行《中央关于加强农村人民公社财务工作的指示》的情况。

1962年5月15日,李先念副总理在全国会计工作会议上讲话指出:会计是管理社会主义建设的工具之一,它能科学地记载、反映经济活动情况,为决策机关提供数字资料。任何单位都必须要有会计,不能不记账、不算账、不报账。号召会计人员要当无名英雄,要敢于坚持真理,坚持制度,按政策办事。

1965年9月20日,财政部、农业部、中国农业银行联合召开辅导农村人民公社生产队改革会计制度会议。

1969年11月13日,鉴于"文化大革命"导致全国会计工作的混乱,财政部受指令必须重整恢复各地区会计工作秩序和规范化,召开"全国企业财务改革座谈会",提出改革企业财务会计制度,会计科目的内容由财政部统一解释,并做出示范性规定,使用多少科目和账薄,记账方法由各地自行规定;各企业必须对产品进行成本核算,不能以估计成本或计划成本代替实际成本;成本范围由国家统一规定,不应擅自扩大成本范围;成本结算期按月为宜;有些企业按季结算应予总结经验;成本内容,要把料、工、费几项基本项目分清;成本核算方法,企业自行采用;取消医药费、福利费和企业资金等项。

1970年10月13日,财政部召开"全国企业经济核算现场会",提出要坚持经济核算,依靠群众搞好经济核算,改革不合理的规章制度,严格遵守财政纪律和搞好企业经济核算关键在于加强领导等"五条任务"。

1980年10月29日,经国务院批准,财政部召开全国会计工作会议。姚依林副总理到会讲话。财政部副部长、中国会计学会副会长吕培俭在会议开始时做了报告。会议讨论了《中华人民共和国会计法(讨论稿)》等4个文件草案。

1988年4月18日,财政部召开全国会计工作座谈会,要求加快和深化会计改革,深入开展企业会计工作的升级达标活动试点,大力培训会计人员,加强会计电算化管理。

1988年8月1日,财政部在十年动乱后首次召开全国预算会计工作会议。

1989年1月6日至12日,中国会计学会会计基本理论与会计准则研究组在上海召开会计准则专题理论研讨会,会议就会计准则与会计制度的关系、会计准则的内部结构、研究会计准则的思路及发布机构等问题进行了讨论。

1990年11月19日,财政部召开全国会计工作会议暨全国先进财会集体和先进会计工作者表彰大会,22日结束。新中国第一任财政部长、中央顾问委员会副主任薄一波、国务委员兼财政部长王丙乾、人事部副部长程连昌、财政部副部长张佑才等领导在会议上做了重要讲话,全国人大常委会副委员长陈慕华、审计署审计长吕培俭、国务院副秘书长刘仲藜、全国总工会书记张富有、财政部和国家税务局、中国人民建设银行的领导出席了会议。王丙乾为全国会计工作会议暨全国先进财会工作集体和先进会计工作者表彰大会题词:提高会计人员素质,开创会计工作新局面。

1991年7月5日,首届海峡两岸会计审计研讨会在北京友谊宾馆贵宾楼会议厅举行。这是两岸会计交流重要一步。

1991年10月8日,由中国人民大学会计系与用友现代会计审计研究所等单位联合举办以"比较与发展"为主题的新中国第一次大型国际会计理论研讨会,70多名中外学者与会,就中外会计规范、会计理论与方法比较以及会计电算化等问题进行学术研讨。

1992年2月26日,财政部在深圳主持召开了会计准则国际研讨会,近百名中外专家、会计理论和实务工作者参加了会议。财政部副部长张佑才、中国会计学会副会长杨纪琬到会致辞。会议围绕如何建立具有中国特色的会计准则、制定中国会计准则如何借鉴国际惯例等问题进行了广泛深入的讨论和交流。国际会计准则委员会主席亚慧·怀特先生、秘书长大卫·凯尔恩斯先生等国外专家、学者到会介绍了国际会计准则的情况。

1992年4月13日,中国会计学会召开第四次全国会员代表大会,选举张佑才为会长。

1992年5月6日,中国注册会计师协会召开第二次全国代表大会,选举陶省隅为会长,财政部副部长迟海滨、张佑才为名誉会长,杨纪琬为高级顾问。

1993年3月4日,中国会计学会中青年会计电算化分会暨首届理论研讨会在北京举行。

1994年7月25日,财政部与国际货币基金组织合作召开政府会计和国库管理国际研讨会。

1994年9月21日,由财政部、中国科学技术协会、中国会计学会于1994年9月21至25日联合举办了首届全国会计电算化成果展览会。全国人大常委会副委员长王丙乾、财政部副部长张佑才、中国科协书记处书记王治国出席了开幕式并为展览会剪了彩。王丙乾、全国政协副主席朱光亚、财政部长刘仲藜、中国科协书记处书记王治国分别为展览会题词,王丙乾的题词是:"发展会计电算化事业,更好地为经济管理服务",朱光亚的题词是:"大力促进科学技术与财会事业结合",刘仲藜的题词是:"开拓创新,加速会计工作现代化进程"。

1994年12月12日,财政部在上海主持召开以探讨国际会计界最新课题和讨论如何建立中国会计准则体系为题材的会计准则国际研讨会。

1995年3月6日,国务院颁布《中华人民共和国预算法实施条例》和《关于在全国进一步开展清产核资工作的通知》。

1995年10月24日,经国务院批准财政部于10月24至27日在北京主持召开了新中国成立以来第四次全国会计工作会议。来自全国500名代表出席了会议。中共中央政治局常委、国务院副总理朱镕基为大会亲笔提写整顿会计工作秩序的"约法三章";国务委员李贵鲜受朱副总理委托,代表国务院到会做了重要讲话。全国人大常委会副委员长王丙乾、财政部部长刘仲藜、副部长张佑才在会上做了重要讲话。全国人大常委会副委员长陈慕华、国务院副秘书长周正庆、国家税务总局副局长项怀诚、财政部副部长刘积斌、张佑才、谢旭人、原审计署副审计长崔建民、中国人民解放军总后勤部财务部部长。

  1996年6月17日,财政部派出代表参加在丹麦哥本哈根举行的第五次国际会计准则制定机构会议。

  1996年7月1日,财政部会计司副司长冯淑萍参加联合国国际会计和报告标准政府间专家工作组第十四届会议。

  1996年10月5日,中国会计学会第五次全国会员代表大会选举了第五届理事会,王丙乾、段云、张佑才为名誉会长,迟海滨为会长,杨纪琬等6人为副会长。

  1996年10月7日,中国人民大学主办"海峡两岸会计准则及独立审计准则理论研讨会",80多人参加。

  1997年7月7日,国际会计准则委员会在北京召开理事会,72人参加。7月12日结束。

  2002年9月9日,来自全球50多个国家的100余名代表在北京参加了"第四次全球内审论坛",论坛主题是"加强内部审计全球化建设"。

  2002年9月26日,中国会计学会第六次全国会员代表大会暨理论研讨会在北京召开,财政部部长项怀诚、财政部副部长楼继伟、部长助理冯淑萍等出席大会并作重要讲话,财政部原副部长迟海滨连任第六届理事会会长。

  2004年4月27日,财政部、外交部批准中国注册会计师协会加入国际评估组织联合会(WAVO)。

  2004年5月1日,《资产评估准则——基本准则》和《资产评估职业道德准则——基本准则》施行。

  2006年5月29日,第三届注册会计师论坛在北京举办。论坛主题为"会计师事务所内部治理与规模化发展",业内外人士共400余人参加。

  2006年9月23日,国际评估准则委员会年会在北京举行。国际评估准则委员会主席维拉指出,《国际评估准则》已经从早期的以不动产评估为主的模式发展成包括企业价值评估、不动产评估、动产评估、无形资产和机器设备评估在内的综合评估准则体系。

  2007年1月11日—12日,中国注册会计师协会第四届理事会第三次会议在北京召开。会议审议通过了《中国注册会计师协会关于推动会计师事务所做大做强的意见》,中国注册会计师协会会长刘仲藜强调,要尊重事务所在做大做强中的主体地位;重视事务所内部治理机制建设在实现做大做强中的作用。

  2007年9月20日,亚洲内部审计大会在北京举行,会议主题:充满活力的内部审计。

  2007年11月28日,财政部、中国资产评估协会在人民大会堂举行中国资产评估准则体系发布会,颁布了包括8项新准则在内的15项资产评估准则,同时宣布成立财政部资产评估准则委员会。

3. 国外会计发展

文明古国如中国、巴比伦、埃及、印度与希腊都曾留下了对会计活动的记载。后来,欧洲庄园的管家需要就其管理成效向庄园主汇报。

巴比伦人民精于组织管理,设置"专门记录官"。

埃及首先出现了"内部控制思想"。

印度与希腊出现铸币,并记录在账簿中。

一般认为近代会计始于复式簿记形成前后。1494 年,数学家卢卡·帕乔利在《算术、几何、比及比例概要》中专门阐述了复式计账的基本原理。这是会计发展史上第一个里程碑。

复式簿记首先出现在意大利,随后传播至荷兰、西班牙、葡萄牙,又传入德国、英国、法国等国家。

工业化革命后,会计理论和方法出现了明显的发展,从而完成了由簿记到会计的转化。

(1) 折旧的思想。

在工业革命出现以前,耐用的长期资产往往比较少,商人们一般都是将耐用财产在报废时一次性冲销,或者将耐用财产当作存货(未销售的商品),继而在年终通过盘存估价增减业主权益。但是随着长期资产的日益增多和在生产经营过程中的重要性,人们逐渐意识到传统的做法已经无法正确地确定盈亏,因此长期资产应该在其经济寿命期内采取一定的方式进行分摊,"折旧"概念便应运而生了。

(2) 划分资本与收益。

企业规模日益扩大,投资者与经营者日益分离并更加关心投入资本的报酬。因此,必须将业主的投资与投资报酬收益进行严格的区分,使得会计人员必须严格区分收益性支出与资本性支出,同时也要求进行收入与成本费用的恰当配比,更使收益表成为对外披露的重要报表之一。

(3) 成本会计。

重工业的发展与生产规模的扩大使企业的制造费用激增,成为产品成本一个不容忽视的组成部分。同时,伴随着企业生产的日益复杂化,制造程序与费用的归集与分配也相应复杂。这些变化都对成本会计制度的出现提供了契机。最终,以存货的计价作为突破口,形成了以历史成本为基础的成本会计核算方法。

(4) 财务报表审计制度。

所有者与经营者的分离日益明显。作为不参加企业日常经营管理的所有者,必然关心投入资本的保值、增值情况,因此要求管理当局定期提供反映企业财务状况、经营成果的财务报表。但是又由于管理当局与所有者之间微妙的利益对立关系,同时也由于两者之间的信息不对称,使得所有者(可能并不具备会计专业知识)对管理当局提供的财务报表不可能完全信任,所以希望能够由客观、中立的会计师进行验证,以增加财务报表的可信程度。这就形成了财务报表审计制度。

1854 年,苏格兰成立了世界上第一家特许会计师协会,这被誉为是继复式簿记后会计发展史上的又一个里程碑。

以"公认会计准则"(General Accepted Accounting Principles, GAAP)的"会计研究公报"(ARB)的出现为起点。这一会计发展阶段，会计理论与会计实务都取得惊人的发展，标志着会计的发展进入成熟时期。

1929至1933年的经济危机起到了催产的作用。经济危机过后，人们认为松散、不规范的会计实务是经济危机爆发的主要原因之一。为了挽救会计职业，会计界认为必须着手制定会计准则。1934年，第一批会计准则得到纽约证券交易所和会计师协会的共同认可，这批准则共包括6项内容，即

① 利润必须实现；

② 资本盈余不得用以调剂任何一年的当年收益；

③ 子公司并购前存在的盈余不得算做母公司的已赚取盈余；

④ 公司职员的应收票据与应收账款单独列示；

⑤ 库藏股股利不得作为收益；

⑥ 捐赠资本不作为盈余。

1937年，证券交易委员会开始公布与上市公司信息披露有关的法规《会计系列公告》(Accounting Series Releases, ASR)，并在 ASR No.4 中将制定会计准则的权利赋予会计职业界，而证券交易委员会(SEC)则保留有监督权与最终的否决权。以后，会计准则制定团体先后经历了"会计程序委员会"(CAP)、"会计原则委员会"(APB)以及现在的"会计准则委员会"(FASB)。其中，FASB自成立以来，迄今已经公布了133份财务会计准则公告。

除了公认会计准则的出台外，新的会计分支——管理会计逐步形成与发展。早期的管理会计主要体现为执行性管理会计，侧重于标准成本、预算控制和差异分析。从20世纪50年代开始，管理会计逐渐由单纯的执行性管理会计阶段，过渡到以"决策与计划会计"和"执行会计"为主体、把决策会计放到主要位置的现代管理会计阶段。管理会计从传统的、单一的会计系统中分离出去，是会计发展史上第三座里程碑。会计理论与会计实务都取得惊人的发展。

另一个重大的发展是会计研究方法上的拓展，70年代以前，规范性会计研究法占据主导地位，从20世纪70年代后，实证会计研究开始出现并逐渐取得了与传统的会计研究方法共领风骚的地位。

两种方法的有机结合逐步实现了"实践—理论—再实践"这样一种不断循环往复的科学研究思路，从而既保证了会计理论体系的逻辑一致性，也能使会计理论在实践中经受检验，避免了"空中楼阁"式的尴尬！

○ 讨论题

请把你找到的一些会计大事记写下来

第二节 会计名人

> **导读**
>
> "会计,当而已矣",是我国有史以来第一句会计格言,也是我国最早的会计原则。而提出这一说法的人却是儒家学派的创始人孔子,他在年轻时曾与会计有过交集,做过管理库房的会计小吏。
>
> 华罗庚(著名数学家):18岁的会计18块大洋月薪。
>
> 何厚铧(全国政协副主席):特许核数师与注册会计师。
>
> 闾丘露薇(香港凤凰卫视名记者):当过高级审计员的战地玫瑰。
>
> 菲尔·奈特(耐克公司创始人):普华永道的审计师。
>
> 实际上,还有很多让你意想不到的名人曾当过会计。虽然,他们在其他领域所发出的光芒远远盖过了会计,但不可否认的是,会计对他们的人生产生了很大影响。

会计是一个庞大而重要的职业。根据资料,全中国十几亿人,每100人中就有1人从事会计工作。他们遍布各个行业,用自己特有的专业能力和责任担当,浸润社会经济的发展。

百年育人,星河璀璨,会计长河中涌现出了一大批具有深远影响的会计名人。在20世纪百年中,中国会计经历了巨大变革,通过注册会计师行业发展和制度建设,通过轰轰烈烈的中式簿记改良运动,通过大规模的向西方、苏联学习,以及20世纪中期的自我创新和发展,完成了中国会计的现代化转型,并在20世纪80年代后改革开放的大环境中,为中国融入世界经济大潮发挥了重要作用。

在这个过程中,涌现出许多重要人物,包括被誉为"中国现代会计之父"的立信会计事业创始人潘序伦先生、中国会计师制度的缔造者谢霖先生、中式簿记改良运动的领袖徐永祚先生、新中国会计制度建设的领导人安绍芸先生等。他们办实业、兴教育、促研究、立规制,为中国会计的现代化发展做出了卓越贡献,引领并带动了会计事业的发展。也有千百万名不见经传的普通会计人,他们把自己的一生奉献于会计事业,在平凡的岗位上践行自己的职业理念,为家、国发展做出自己的贡献。

1. 会计名人

潘序伦(1893—1985),1893年7月14日出身于"书香门第"的家庭。1905年就读私塾,1908年考入上海浦东中学。1919年经黄炎培先生推荐到上海圣约翰大学当旁听生,后直接升为大学四年级的正式生,1921年夏季毕业,获文学学士学位。同年学校保送赴美留学,1923年获得哈佛大学工商管理硕士学位,1924年获取哥伦比亚大学经济学博士学位。1928年1月,与奚玉书等人一道担任改组后的上海会计师公会常务委员。1930年,任国民政府主计处筹委会委员。1931年,任国民政府主计处主计官。1934年,与徐永祚、杨汝梅(众先)、安绍芸、卫挺生、雍家源、顾询、钱乃澄、李鸿寿、许敦楷等51人发起成立中国会计学社并担任理事。1937年,筹备组建立信会计专科学校及校董事会,并在私立立信会计专科学校第一次董事会上被推举为校长。1940年7月,经香港到重庆,在原

北碚立信会计学校的基础上筹办专科学校,并办理上海立信会计学校迁川事宜。1945年,与张蕙生、钱素君一道由国民政府教育部确认为"专科以上学校久任教员"。1946年,任国民政府经济部常务次长,1947年,受聘为国民政府全国经济委员会委员。1956年,加入中国民主同盟,次年被选为上海市政协委员。1979年和1980年,分别被上海市会计学会和中国会计学会推选为学会顾问。1980年8月,发起倡议复办立信会计专科学校。同年10月,被推选为复校后的校务委员会委员、名誉校长。次年初,上海市会计师事务所成立,担任事务所董事长;2月,任恢复后的立信会计编译所主任;7月,被推举为立信会计校友会名誉会长。

奚玉书(1902—1982),字毓麟,上海人。1920年,入复旦大学商学院会计专科学习。1927年,获会计师证书,1936年,组建公信会计师事务所,任主任会计师。1938年,组织创办公信会计用品社。1939年,创办主编《公信会计月刊》,连续出刊96期,持续达10年。1938—1952年,主持创办诚明文学院商学系夜大,任系主任。

民国16年(1927),先生参与创办公平会计师事务所。初期由俞希稷任主任会计师,先后加入者有徐英豪、王海帆等会计师。民国25年(1936),公平会计师事务所改组,由奚玉书单独组办,改名为公信会计师事务所。由于事务所恪守会计师职业道德,确保服务质量,因而迅速赢得社会各界的好评,业务应接不暇,拥有常年客户100多家,较有影响的客户包括:荣氏申新纱厂及其分支企业、严氏系统苏纶纱厂、仁德纱厂、大隆铁工厂、大新振染织厂、正泰橡胶厂等。

在执行会计师业务时,先生显示出卓越的专业才能和强烈的爱国主义精神。民国21年(1932)前后,国民政府交通部与美国泛美航空公司合资组建中国航空公司,经双方议

定特聘英籍克佐时会计师事务所担任常年查账。先生闻悉此事,立即与交通部交涉,力劝作为合资一方的交通部应以国格为重,维护民族利益。在先生的据理力争下,该公司根据双方对等原则,同意聘请公平会计师事务所担任常年查账。民国26年(1937)抗日战争爆发后,上海很多工商企业毁于战火,当时已在外国保险公司投保兵险的正泰橡胶厂,因日本侵略者的炮火袭击遭受重大损失。该厂向保险公司索赔,保险公司诬称该厂系"被流氓抢劫后焚毁",拒绝任何赔款。先生承接这一棘手的案子,对此案进行了细致的实地调查,最终查明事实真相,迫使外国保险公司如数赔款。先生奋力维护民族利益,敢于挺身与外国同行"拗手瓜"的故事,一时被沪上传为美谈。

先生还对当时的会计师制度做了大量的修订和完善工作,先后参与了《会计师服务细则》的制订以及《全国会计师协会章程》、《会计师公费标准》的修订工作。

1981年4月,从美国探亲回上海,曾应邀参加了上海市会计学会举行的一次学术报告会。他对会计界良好学风给予好评,曾经对人说"这是我回国后所接触到的最感满意的一件事"。

杨时展(1913—1997),男,汉族,浙江省宁波市人,教授,博士生导师,会计学家,会计思想家,会计教育家。1913年11月26日出生于浙江宁波,祖籍衢州。1928年毕业于新昌县立初级中学,1931年毕业于宁波浙江省立第四中学高中文科。1936年夏毕业于南京中央政治学校大学部财政系会计专业,获商学士学位,留校任助教,踏上会计教育之路。同年参加高等文官(会计审计人员类)考试,以榜眼之卓异成绩,分至国民政府主计处会计局工作,从事会计实务,同时在大学兼任讲师。1937年,调浙江省财政厅会计室,1938年,任浙江省财政厅会计主任。1945年,应浙江省立英士大学之聘重上讲台,任该校教授兼任会计专修科主任。1946年,改任英士大学经济系教授。1948年,应广西大学之聘,任该校会计银行系教授。1953年,全国院系调整,任中南财经学院教授。1962年,回到中南财经学院的图书馆工作。1977年,任湖北财经学院(后更名为中南财经大学)教授。1982年受财政部之托,与澳大利亚合办审计班,培养了我国恢复审计制度所需的第一批人才。1986年经国务院批准,任中南财经大学会计学专业博士生导师,兼任江西财经大学、重庆商学院、无锡纺织工业管理学院、郑州航空管理学院等校教授。1992年国务院授予其政府特殊津贴证书,终生享受政府特殊津贴待遇。

1983年、1987年,分别当选为中国会计学会第二、三届理事会常务理事。1992年、1996年,分别当选为中国会计学会第四、五届理事会顾问。1985年,当选为中国审计学会第一届理事会理事。曾任湖北省会计学会副会长,湖北省审计学会副会长,湖北省注册会计师协会顾问,武汉市政协副主席、民革主委,武汉市知识分子联谊会名誉会长,是美国会计学会(AAA)、国际内部审计师协会(IIA)、国际会计研究生教育协会(IAARE)成员。

杨时展教授毕生奉献于中国的会计理论和教育事业,在大学 50 余载的教学生涯中,培养教育出张龙平、王光远、张杰明、徐锡洲等优秀会计理论工作者和会计实务专家。

徐永祚(1893—1961),又名玉书,浙江海宁人。先后毕业于浙江高等学堂和上海神州大学经济科(1915)。毕业后在天津中国银行担任练习生。曾任上海《银行周报》编辑、主编、银行公会书记长、上海证券物品交易所会计科长和常务理事、上海市参议会参议员。曾担任神州大学、上海商学院、复旦大学、光华大学教授,上海物品交易所常务理事。他所倡导的中式簿记改良运动,对于现代中国会计发展具有重要意义。

1921 年,徐永祚获会计师证书并执业,在上海设立徐永祚会计师事务所(1949 年之前的民族品牌四大所之一,抗战时改称正明会计师事务所),并举办会计培训班,普及新式簿记知识。他还帮助家乡海宁县以《改良中式簿记》为教材开办会计补习班。先生在 30 多年的会计师活动中,培育了大批财务会计管理人才。

在工商企业流行中式簿记的彼时,先生编著《改良中式簿记》一书,出版后颇受工商企业欢迎,纷纷采用。先生所创的收付记账法,在税算会计、商业会计领域沿用至 20 世纪 90 年代。1933 年 12 月 24 日,他应上海市商会之请,发表了改良中式簿记的演讲,盛况空前;举办改良中式账簿表单展览,陈列账簿表单共四五十种,参加者竟有万人之众。

1937 年八一三淞沪之战爆发,上海人民踊跃捐献,支援前线,由先生经手捐款捐物的文件和账册,日本侵略军侦悉此事,将其拘捕入监,再三逼问财物所在。先生创办的正明会计师事务所下设:计核、训练、出版三部,承办查账、会计制度设计、咨询顾问、出版会计刊物等事务。事务所开办的 20 多年间,业务迅速扩展,拥有资本较大的客户有:上海金融界的"南四行"(上海商业储蓄银行、浙江兴业银行、浙江实业银行、新华信托储蓄银行)、"北四行"(盐业银行、金城银行、中南银行、大陆银行)等。为了实践中式会计改良的构想,先生在南洋兄弟烟草公司等企业试点,经他设计指导、实行改良中式簿记的企业,不下四百家。先生还创办《会计杂志》,介绍国内外财会管理的新知和经验,开展会计学术研究和改良中式簿记的宣传,闯出了一条理论与实践互动共生的会计改良之路。先生撰写了大量著作和论文,较大影响的有《改良中式簿记概况》、《英美会计师制度》、《决算表的分析》、《所得税与会计》等,对于丰富中国会计审计学术、改良中式会计,发挥了普罗米修斯式的"播火者"功效。

谢霖(1885—1969),字霖甫,教授,江苏武进人。我国会计界先驱,知名会计学者,我国会计师制度的创始人,会计改革实干家和会计教育家,中国的第一位注册会计师,第一个会计师事务所的创办者,中国会计改革的先驱,中国会计师制度的拓荒者。除担任中国银行、交通银行总会计、中央银行秘书长职务外,还先后兼任湖南明德大学、北京大学、上海商学院、光华大学、复旦大学、光华大学成都分校、四川大学、成华大学、川康农工学院、四川省会计专科学校等院校教授,以及光华大学商学院会计系主任、光华大学成都分校副校长等重要职务。

谢霖先后设计会计制度若干种,设计前必须先进行调查研究,从实际出发。如1934年山西省政府修建同蒲铁路时,邀请上海几家会计师事务所代拟会计制度,他应邀前去,经一年多的调查研究,将会计科目、凭证、账册、报表等系统化、规范化,实施后效果明显,得到国内其他几条铁路的会计专家的高度赞赏。他对培训的会计人员及会计师事务所的工作人员谆谆告诫:一定要遵守法律法规,即使当时法律不够完善,只能遵从,但可反映意见。要学法懂法,要学习民法及刑法有关部分,要学习有关商事法规,办事要持公正态度。

要以单据、账册为依据,不应虚伪陈述,不能稍涉偏私,必须严格遵守职业道德。谢霖于百忙中仍坚持履行会计顾问职责,1944年,重庆民生公司总经理卢作孚作为中国实业界代表,出席美国国际通商会议,特来成都请谢霖同去。会上,卢与加拿大代表谈妥以1275万加元购买九艘轮船。谢霖向加方索要造价单及预算方案,经审核发现,按照美国国际造船价格标准,加方定价偏高。双方再次研讨,加方同意减收150万加元和10年本息一次还清。此事使外国代表非常佩服。不久,美国加利福尼亚州立大学即授予谢霖名誉博士。

安绍芸(1900—1976),河北武清人,1923年毕业于清华大学,是新中国主管会计事务的首任官员,对新中国会计制度的建设做出了重要贡献。

安绍芸先生毕生致力于会计事业,有人将他与谢霖、潘序伦、徐永祚等并称为"20世纪中国十大会计名家"。由于安先生的职务原因,他对新中国会计发展的作用不言而喻。

1940年6月,《公信会计月刊》第三卷第六期在《会计界人物志》中,对安先生在民国时期的活动有翔实的介绍:

"安绍芸先生天赋独厚,前后益受知于美儒,虽揣摹未久,而于会计经济之学,已融会一炉。民国十五年得获该校经济学硕士学位。学成归国,受聘于复旦大学,任会计学教授。旋入大美查账局,为查账员,历时凡三载有半。继又担任中华工业厂及章华等厂为会计主任有年。对于账务制度之设计,会计事项之改进,尽心辟划,贡献尤多。惟国之经济,乃藏于民,不图工商业之发展,无以言国裕。先生有鉴于斯,认为欲求改进,当以提高会计教育程度为先,爰于民国廿二年,与刘大钧博士等合组大成会计统计事务所,始执行会计师职务。频年以来,甚得各方信仰,嘉誉交驰,近更致力教育事业,兼任国立上海商学院会计系主任。"

新中国成立后,安先生奉调赴京,任财政部会计制度处处长。1951年,会计制度处改称会计制度局(现称会计司),安先生续任司长,主持设计一系列全国统一的会计制度,为开创新中国的会计事业打下基础。

在国家实行计划经济管理的全新背景下,最难把握的问题显然是:如何正确处理会计工作、计划工作和统计工作的关系。在安先生所发表《拟订中的国营企业新资产负债表

的内容与格式》中,有一段清醒的论述:

"新资产负债表的结构和内容,如资产、负债两方下的大分类,和大分类下项目的规定,都是和计划、统计的要求相配合的。不过所谓配合,是指工作上取得协调而已,而并不是做附庸,因为会计与统计、计划,在国家管理经济的工作中,都各有其独立的任务,作为会计报表中最主要的资产负债表,自然也有其本身应有的作用。会计和统计、计划,如果不很好配合,当要造成许多工作上的浪费,减低工作的效率,但如果超越限度,过于被动,也必将低估自己所负的使命,同样对工作发生不利。"(《新会计》第10期,1951年10月25日)

对于会计在经济核算制中的作用,安先生是以"神经中枢组织"来比喻的:

"实行经济核算制,贯彻经济核算制,是目前各国营企业所一致努力的方向。要胜利地达到这个方向,客观的条件固然很多,但健全的会计工作,是许多条件中最重要的一个,因为会计可说是经济核算制中的神经中枢组织,没有会计,经济核算制工作就会一步也不能推动的。这个道理很明显,大家都能知道的。"

"企业实行和贯彻经济核算制,简单言之,是要在根据计划的原则下,保证以最少的物力、人力和财力来完成生产的任务,因之在实际工作中,就要注意物资应如何节省,劳动力应如何提高,资金周转应如何使其迅速,各种浪费应如何将其消除,设备能力应如何发挥利用,等等,而所有这些措施都走向着一个共同的目标,就是使生产的成本降低,使利润的积累增加,从而扩大其再生产的能力。为了达到这一目标,我们就必须依靠各种资料来反映企业的活动情况,随时加以检查,随时加以改进,而会计资料就在这一点上发生出最重要的作用。"

新中国成立之初,从中央财政部会计司为统一记账方法所采取的措施,更可见安先生高瞻远瞩的智慧和领导策略。当时的记账方法有很多种,主要有四种:一般国营企业和地方公营企业所使用的借贷记账方法;章乃器先生、徐永祚会计师等所提倡的收付记账方法;中国人民银行所使用的收付记账方法;两个预算会计制度所规定的收付记账方法。

安先生在《新会计》(1995年12月25日)发表《介绍修订总预算会计制度及单位预算会计制度的几个要点》一文。他认为:

"我国现行的主要记账方法虽有四种如上述,但如分析其本质,实在只有借贷记账方法和章乃器先生、徐永祚会计师等所提倡的收付记账方法二种。人民银行所使用的收付记账方法,在本质上就是借贷记账方法,所不同者,'借''贷'二字,改为'收''付'二字而已。两种预算会计制度所规定的收付记账方法,虽是将借贷记账方法和收付记账方法结合成为一个记账方法的一个尝试,但是因为它是从借贷记账方法的理论出发,所以在本质上仍是偏于借贷记账方法一面的。"

继而,安先生指出主要的这两种记账方法的异同点:"同样的会计科目,同样的会计事项,用借贷记账方法记的结果和用收付记账法记账的结果,除左右方向对掉外是完全一致的。所以如果把一种记账方法的左方右方对调,把原记入左方者记入右方,把原记入右方者记入左方,则在事实上两个绝对不同的记账方法间的矛盾便可获得解决,或者说便已结合成为一个记账方法。"

为了尽可能统一这两种方法,安先生领导下的中央财政部会计司,在制订预算会计制度时,经过了"原规定"和"修订后的规定"两个步骤。

"原规定"是指在1950年内拟定,从1995年月1日起施行的《各级人民政府暂行总预算会计制度》和《各级人民政府暂行单位预算会计制度》,其基本规定的行文,是以收付记账法为主,但"把收付记账方法的左方右方对调,以迁就借贷记账方法,因此特地说明'一切记账格式概以付方列左收方列右'。所以两种预算会计制度原规定的记账方法仍是偏于借贷记账方法,表面上用的是收付二字,本质上用的是借贷记账方法的理论和形式。"并且,另有补充规定:"但如事实需要得改用借贷记账方法登记科目。"也就是说,一旦企业有必要根据补充规定改用借贷记账方法时,和基本规定也不会发生冲突了。

到了1951年年底,中央财政部会计司又提出了两个预算会计制度的修订方案。修订后的规定,则是反过来,行文时以借贷记账方法为主,规定有必要时方可采用收付记账法,"本制度采用复式簿记原理,借贷记账方法登记账目。但各级总(单位)会计得参照事实需要,改用收付记账方法,以付方列左,收方列右。"

经过这样的两个步骤,就以"因势利导缓步前进的方式",将占主导地位的记账方法从收付记账法转向了借贷记账法。安先生也预见到人们对于"借贷"二字在理解上的困难,极易引起不必要的甚至无休止的争议,因此下了个巧妙的定义:"借贷记账方法的'借''贷'二字,就是'左''右'二字的代名词,借为左,贷为右。一般研究会计学术者与从事会计实际工作者对于'借''贷'二字的认识,都达到此为止,不须要作进一步的研究。我不是说不需要深入钻研,我是感觉到现在我们有更重要的会计问题需要从速解决。"

顾准(1915—1974),上海人,字哲云,中国当代学者,思想家、经济学家、会计学家、历史学家。中国最早提出社会主义市场经济理论的第一人。

在职业学校的初中毕业后,因家境清贫,无力继续求学,12岁就到潘序伦先生创办的上海立信会计事务所当练习生。随后通过自学会计学,成为掌握现代会计知识的专业人士。1930年,15岁的他便以其在会计学方面的成就和造诣,在上海工商界崭露头角,被誉为"奇特的少年天才"。20世纪30年代，有多部会计学著作问世，是上海知名的会计学家。1934年完成的会计学著作《银行会计》，成为国内第一本银行会计教材，被各大学采用，同时开始在大学任兼职教授。1936年2月，自北平回到上海，先后担任过上海职业界救国会党团书记、职员支部书记、江苏省职委宣传部长、书记、江苏省委副书记。在文委工作期间，与经济学家孙冶方（当时为文委书记）认识并共事。1940年后，曾任中共苏南澄锡虞工委书记、专员，江南行政委员会秘书长、苏北盐阜区财经处副处长、淮海区财经处副处长。后赴延安中央党校学习。1946年1月回到华东后，先后担任中共中华分局财委委员、淮阴利丰棉业公司总经理、苏中区行政公署货管处处长、中共华中分局财委委员、山东省财政厅厅长。解放军占领上海前夕，任青州总队（接管上海财经工作的一支干部队伍）队长，积极准备接管上海。1949年5月，随军回到上海。任上海市财政局局长兼税务局长、上海市财经委员会副主任和华东军政委员会财政部副部长，为新中国成立后上海的财税工作做出了突出贡献。在他接管上海财政系统的三年时间里，这座中国最大的工商城市已经从国民党手里濒于崩溃的烂摊子变成支撑共产党新中央政府的最大财源，也为日后的计划经济体制奠定下基础。

1953年后，曾先后担任中央建筑工程部财务司司长、洛阳工程局副局长。1956年入经济研究所（现属中国社会科学院）任研究员后，开始研究商品货币和价值规律在社会主义经济中的地位问题，最早提出并论证了计划经济体制根本不可能完全消灭商品货币关系和价值规律，并写成《试论社会主义制度下商品生产和价值规律》，成为我国提出社会主义条件下市场经济理论的第一人。1957年担任中国科学院资源综合考察委员会副主任，在随后的反右运动中被划为右派分子。1962年下放劳动回到经济研究所，受孙冶方委托研究会计和经济，相继翻译了熊彼特和琼·罗宾逊的经济学著作。顾准对经济学、会计学、政治学研究颇有建树，主要著作有《银行会计》、《初级商业簿记教科书》、《簿记初阶》、《股份有限公司会计》、《中华银行会计制度》、《所得税原理与实务》、《中华政府会计制度》、《社会主义会计的几个理论问题》、《试论社会主义制度下商品生产和价值规律》、《希腊城邦制度》、《从理想主义到经验主义》等。

娄尔行（1915—2000），上海人，教授，博士生导师，会计学家、会计教育家、理论思想家，1980年代中国新会计学科体系的主要创始人，国务院政府特殊津贴获得者。1915年7月15日出身于江苏省苏州市民族实业家的家庭，祖籍浙江绍兴。毕业于上海民立中学。1933年考入国立上海商学院会计系，受教于安绍芸，1937年毕业。同年赴美国密歇根大学企业管理研究生院深造，师从华德曼、佩顿（Paton）两位教授。1939年获企业管理硕士学位（MBA）毕业，回国被聘为光华大学讲师。1945年应聘担任临时大学商学部副教授，

主讲会计课程。1946年上海商学院正式复校,被聘为教授。

新中国成立后,娄尔行先后在国立上海商学院、私立光华大学、国立临时大学任教。1950年,随上海市高等院校院系调整,任上海财政经济学院会计系教授。1956年,被评为三级教授,担任工业会计教研室主任,后升任会计系副主任。1958年转入上海社会科学院经济研究所任教,曾任工业经济组教授、副组长。1959年为上海社会科学院会计系系务委员会成员。1972至1980年,任复旦大学经济系和管理科学系教授。1980年,调回上海财经学院任会计学教授、会计系主任。1983年被国务院学位委员会确定为我国第一批会计学博士生导师。是年2月及翌年3月,作为中国代表两次出席在美国纽约联合国总部召开的国际会计和报告标准政府间专家工作组成员国际会议。1985年,改任上海财经学院会计系名誉主任,同时兼任大华会计师事务所董事长。

1980年当选为中国会计学会第1届理事会理事,1983年当选为中国会计学会副会长,1987年、1992年、1996年连任第3~5届中国会计学会理事会副会长。1985年、1990年当选为中国审计学会第1、2届理事会副会长,1995年当选为中国审计学会第3届理事会顾问。此外,还曾先后担任过中国成本研究会顾问、上海市会计学会副会长、财政部会计准则中方专家咨询组成员,还受聘为江西财经大学、浙江财经学院等高校兼职教授和顾问。

杨纪琬(1917—1999),上海市松江区人,教授,博士生导师,会计学家、会计理论家,管理活动论的主要创始人,我国社会主义会计制度的奠基人之一,全国首批享受政府特殊津贴的高级专家,中国注册会计师协会首任会长。生于1917年11月10日。1935年考入国立上海商学院。1939年攻读中英庚款基金会的在职研究生。1939年至1949年,先后担任上海大成会计统计事务所查账员,国民党政府行政院苏浙皖区敌产处理局专员,国立上海商学院、苏州东吴大学、杭州之江大学、上海大华大学与光华大学的会计学助教、讲师。1943年被聘为会计学教授。1979年起任财政部科学研究所硕士研究生导师,1985年任财政部科学研究所博士研究生导师。亦是清华大学、中国人民大学、厦门大学、上海财经大学、东北财经大学、西南财经大学、江西财经大学、中央财经大学、天津财经大学和北京经济学院等高校兼职教授,是全国首批享受政府特殊津贴的高级专家。

1951年创办并主编新中国第一本会计杂志《新会计》,后兼任《工业会计》、《企业会计》、《会计》杂志主编、《会计研究》杂志主编与编辑委员会主任委员、《会计理论探索丛书》主编。1956年任会计制度司副司长,1980年会计制度司司长,1985年会计制度司顾问。1985年至1991年,任联合国国际会计报告与准则政府间专家工作组中国政府代表。1987年任民革中央常委,1983年任第六届全国政协委员,1988年任第七届全国政协常委兼法制委员会委员,1993年任第八届全国政协常委兼法制委员会委员、妇青委员会委员。1993年任财政部会计准则中方专家咨询组组长,中国注册会计师协会审计准则中方专家咨询组组长,财政部会计准则委员会委员。1994年任北京会计专修学院院长。此外,

1980年至1999年,任中国会计学会副会长。1988年至1992年,任中国注册会计师协会第一任会长,1992年起任中国注册会计师协会高级顾问,并曾担任中国证券监督管理委员会股票发行审核委员会委员,中国成本研究会副会长。

葛家澍(1921—2013),1921年3月出生于江苏省兴化县,教授,第一批经济学(会计学)博士生导师,经济学家、管理学家和会计学家,教育家。1941年就读于江苏学院经济系,1942年转入厦门大学商学院学习,主修会计学。1945年厦门大学会计学系毕业,获厦门大学商学士学位。大学毕业后留校任助教、讲师、副教授和教授。在校内历任会计核算教研室副主任、经济系副主任。1982年成立经济学院,被任命为首任经济学院院长,第二届经济学院院长。葛家澍是国务院学位委员会(经济)学科评议组第一届、第二届成员,也是国家批准的第一批经济学(会计学)博士生导师(仅有两名)之一。1986年至2007年,他连续担任中国会计学会副会长,如今他仍然是中国会计学会顾问,并担任财政部会计准则委员会委员及中国会计学会会计理论专业委员会主任。1989年被国务院授予全国先进工作者(全国劳模)称号。20世纪90年代,被国务院授予国家专家津贴,是国家特殊津贴的首批享受者。2004年11月,葛家澍教授被福建省委、省人民政府授予"杰出人民教师"的光荣称号;2009年葛家澍教授入选福建省八大学术名家。会计界泰斗葛家澍先生2013年11月25日去世,享年93岁。

卢卡·帕乔利(意大利),1445年出生于意大利托斯卡地区的一座名叫博尔戈·圣塞波尔罗的小镇,26岁时,他离家远游,并在威尼斯找到一份家庭教师的职业,一住就是6年。在此期间,他接触并了解了威尼斯簿记,并逐渐产生了浓厚的兴趣,为他后来在会计学上的杰出贡献打下了基础。

1494年,帕乔利出版了多年的心血结晶——《算术、几何、比及比例概要》,即《数学大全》,其中有一部分篇章是介绍复式簿记的,正是这一部分篇章,成了最早出版的论述15世纪复式簿记发展的总结性文献,集中反映了到15世纪末期为止威尼斯的先进簿记方法,从而有力地推动了西式簿记的传播和发展。

威廉·A.佩顿(美国),1889年7月9日出生于美国密执安,分别于1915年、1916年、1917年在密执安大学获学士、硕士、博士学位。1922年,佩顿出版了经典名著《会计理论》,是早期倡导会计主体观的代表作。1940年,佩顿与利特尔顿合作出版了《公司会计准则绪论》,该书被认为是经典的、具有开创性的会计理论著作。

A.C.利特尔顿(美国),1886年出生于美国的伊利诺伊州,大学里学习的是管理专业,一个偶然的机会改变了他的一生,利特尔顿开始关注注册会计师行业。1940年他与佩顿合著《公司会计准则绪论》,并于1953年出版在会计理论研究方面极具影响力的《会计理论结构》一书。他与佩顿一起,被认为是会计学界优秀学者的代表。

会计行业杰出人才数不胜数,如果你是个有心人,你会发现,学校的会计专业走廊上、会计实训室墙面上,肯定也有很多的名人介绍。会计名人堂、会计博物馆,具有会计特色的长廊与活动室中,杰出的会计人物,都令人赞叹与反思。

> **小活动**
> 收集你找到的会计名人,一起来交流下。

2. 名人隽语

"过程越是按社会的规模进行,越是失去纯粹个人的性质,作为对过程的控制和观念总结的簿记就越是必要;因此,簿记对资本主义生产,比对手工业和农民的分散生产更为必要,对公有生产,比对资本主义生产更为必要。"
——马克思:《资本论》

"节省每一个铜板为着战争和革命事业,为着我们的经济建设,是我们的会计制度的原则。"
——毛泽东

"孔子尝为委吏矣,曰:'会计当而已矣。'"　　——《孟子·万章下》

"不明于计数,而欲举大事,犹无舟楫而欲经于水险也。"　——管仲:《管子·七法》

"举事必成,不知计数不可。"　　　　　　　　　——管仲:《管子·七法》

"天下不患无财,患无人以分之,故知时者可立以为长,无私者可置以为政,审于时而察于用,而能备官者,可奉以为君。"
——管仲:《管子·牧民》

"计委量入,虽急用之,宜无乏绝之时。"　——桑弘羊:《盐铁论·本议》

"论大计者固不可惜小费,凡事必为永久之虑。"
——刘晏:《德宗建中元年》、《资治通鉴》

"凡百役之费,一钱之敛,先度其数,而赋于人,量出以制入。"
——杨炎:《刘晏传》、《旧唐书》

"一部会计发展史表明,自有天下之经济,便必有天下之会计,经济世界有多大,会计世界也便会有多大。"　　　　——郭道扬《会计史研究》(第一卷)

"天地之大德曰生,圣人之大宝曰位,何以守位曰仁,何以聚人曰财。理财正辞,禁民为非曰义。"
——《周易·系辞下传》

"从会计的角度看,政治权力就意味着控制。反过来,会计也可以用作控制的工具。"
—— Frederick F. S. Choi, Gerhard G. Mueller, International Accounting

"人之所以为人,资财以生,不可一日无者也。"
——丘浚:《大学衍义补·总论理财之道》

"善于为国者,必先理民之财,而为国理财者次之。"

——丘浚:《大学衍义补》

"以国家之大,用途之伙,其出入之数,必以籍以纪之,设官以稽之,所以防有司之奸欺也。"

——丘浚:《大学衍义补》

"讲到会计,我想当然是社会组织制度的一部分。这种组织制度,虽然或许东西有相同的地方,但是一个民族,有一个民族的特性,他有他的环境,有他的思想;这一个民族的东西,决不能整个或全部的不变动的移到别一个的民族里去。"

——严谔声:《会计当而已矣》,《会计杂志》第四卷第四期

"立信,乃会计之本。没有信用,也就没有会计。"

——潘序伦

"不做假账。"

——朱镕基总理

还有很多的会计格言引人深思。不怕数字不识人,只怕人们不识数,讲的就是会计工作与数字打交道;铸铁先铸人,铸人先铸心,讲的是会计职业道德;给我一支铅笔,我能做完整个报表,讲的是会计工作内容……

> **小活动**
> 收集你找到的会计名言,一起来交流一下。

3. 会计文化与会计精神

会计文化的形成与发展是一个历史过程,具有历史文化的特征。对于这一点,笔者深感"崔颢题诗在上头",著名资深教授郭道扬早有专著《中国会计史稿》闻名中外,他对中国会计包括会计文化在内的起源、形成和发展有科学的论证。在此,故不赘述。

会计文化是一种数字信息的反映,具有诚信文化的特征。会计无论作为经济活动的记录、核算,还是作为过程的分析与控制,都是以货币计量通过数字核算来进行的。数字的真实性是其本质要求。朱镕基总理曾题词"不做假账",就是从会计本质、会计文化、会计精神的共同要求来考虑的。到了今天数字信息时代,会计文化的数字信息,亦是其基础性的东西。因此,会计文化的数字信息,应该是会计的诚信文化的起码要求。

会计文化是一种"过程的控制",具有管理文化的特征。对此,杨纪琬、阎达五曾合作《论"会计管理"》中认为,"会计这一社会现象属于管理范畴,是人的一种管理活动。"他们的这些主张与观点,是对会计本质的深化认识。但会计管理一定要体现政策的要求,一定要体现制度的要求,一定要体现科学发展的要求,会计管理也要更加科学化、现代化、制度化、精细化。

会计文化是一种"观念总结",具有科学抽象的特征。科学抽象主要体现在会计理论上。但理论源自实践,又指导实践,还受实践的检验。众所周知,会计的记录是对经济活动的记录,会计的核算是对活动过程的核算,会计的分析,无论是资金的分析、成本的分析、利润的分析,都是对活动过程的分析。如果说记录的根本要求是真实性,核算的根本要求是准确性,那么分析的根本要求就是通过比较分析,达到科学性。

会计文化还是一种服务事业,具有公共文化的特征。会计作为一个行业,其社会性特点非常鲜明。如杨时展教授所指出的:"受托责任"已成为现代会计控制中的核心问题了,在对会计本质问题的研究中,人们必须正视这一问题。为了正视这一问题,就必须发

挥好会计反映和控制的基本职能,切实履行"受托责任"。为此,一定要突出会计的公共服务性。唯有对党的事业诚信,会计人员会计工作才能立身,才能处世、合作、共赢。

会计精神,指的是会计人应具有和所追求的精神风貌与思想境界。会计精神的提炼,是会计理论与会计实践相结合的产物,是会计行业历史经验与现实需要相结合的产物,是会计人优良传统的继承与创新的产物。因此,会计精神,要从会计实践中提炼,要从历史经验中提炼,要从继承与创新的结合中提炼。但是,这种提炼,必须建立在对会计理论与实践的正确认识和把握上。会计精神主要包括四个方面的精神。

一是诚实守信,指的是真诚老实,操守诚信。这首先体现了会计务必遵循的实事求是、求真务实的思想路线;其次体现了朱镕基总理曾提出的"不做假账"的起码要求;最后,诚实守信,是确保数字准确的道德防线,诚如邓小平所指出,"数字中有政策,决定数字就是决定政策"。保证数字的准确,是政策决定的依据,事关会计事业的生命。现代会计之父潘序伦先生曾指出,"立信,乃会计之本;没有信用,也就没有会计"。"诚实守信"是会计立命之本。

二是客观公正。其中客观指的是不依赖人的主观意识而存在的客观事物、客观事实,公正则是指公平而不偏私。客观公正体现会计人"只唯实"的客观,"不偏私"的公正。反映在会计工作中就是坚持准则、维护公平、依法理财、依法办事。事实上客观公正,是会计工作者思想道德素质和业务专业素质的综合性要求,是做事业、做学问必须先做人、做好人的基本条件与保证。做到客观公正,固然不易;但作为会计人,这是人生的必修课。

三是勤勉严谨。勤勉指的是勤勤恳恳,努力不懈。严谨指的是严格谨慎、严密无漏。客观地说,任何人的成功都离不开勤勉勤奋。王国维所说的大学问、大成功者的"三境界"也是如此。财务会计人员,天天与数字打交道,天天与报表打交道,天天与电脑、算盘打交道,数要准,账要对,表要平,没有勤勉严谨的工作态度和精神,是无法做好工作的。会计人要对国家有所建树,对自己有所成就,就必须勤字当头严字把关。

四是开拓创新。开拓指的是扩展,即由小而大、由弱而强的扩展过程;创新则是指创造新的,内含革新、独创之意。可见,开拓创新是一切事业不断发展的需要,是各项事业不断前进的动力。会计事业的发展进步,必须有会计人不断开拓创新。知识经济蓬勃发展,知识更新全面提速,科技人才竞争愈演愈烈,对此,我们必须有清醒的认识,有时代的紧迫感,有事业的使命感。会计的理论需要创新,会计的改革需要创新,会计的工作也需要在创新中开拓前进。

○ 讨论题

请把你找到的会计名人、名言写下来

第三节　生活财经

> **导读**
>
> 小张选择了会计专业,也非常想培养自己对会计和财经方面的兴趣,但她不知从何入手,她总觉得会计离生活太远了。其实,会计作为财经的一个方面,生活中处处都有,比如零花钱,月初妈妈给你100元,你买了文具花了30元,吃饭花了15元,爸爸又给了你50元,最终你还有多少钱?这个计算运用到的公式:期末余额 = 期初余额 + 本期增加发生额 − 本期减少发生额,最终的钱 = 100 − 30 − 15 + 50 = 105元,而这个公式也是会计计算中重要的一个公式。

1. 无心插柳柳成荫——生活处处都有财经

亲爱的同学,此刻的你已经开始步入了会计专业的课堂,我们印象中的会计是不是就是拿着算盘戴着眼镜的账房先生一板一眼地打算盘呢?在接触一些会计知识之前,首先要知道我们这个会计专业属于财经贸易的大专业体系,一听到财经,是不是就想起各种财经新闻,晦涩的财经专业词汇呢?同学们,不要觉得财经是一门深奥的课程,其实生活中有许多经济现象,你发现了吗?

以下这些问题出现在你的面前,你思考过吗?

为什么笔记本电脑能在任何国家的供电标准下运作,而其他大部分电器却不能?

为什么牛奶装在方盒子里卖,可乐却装在圆瓶子里卖?

为什么很多电脑制造商会免费提供市场价超过电脑本身价格的软件?

为什么购买一款手机的价格不那么贵,而为这款手机购买额外一块电池却非常贵?

为什么收入高的人要比收入一般的人的工资涨得快?

为什么不少快餐店承诺,要是你付钱的时候没有拿到收银条,可以享用一顿免费餐点?

为什么在银行之间电汇要比用支票汇款贵得多?

为什么购买音乐会套票要便宜得多?

为什么不少游乐园里最受欢迎的游乐项目前总排着长队,游乐园却不对其额外收费?

为什么出租车费要分为两部分:固定的起步价和变动的里程价,而不是直接收取较高的里程价?

为什么"接近全新"的二手车会比真正的全新车便宜很多?

……

好吧,这些问题我们自己先想想,暂且在接触专业课之前我们先不去考虑具体的财经知识,我们经常会听见爸妈投资理财吧,为了能有更好的生活,希望钱可以生钱,"你不理财,财不理你"。说到理财,很多同学的反应就是大人的投资呗! 其实不然,投资是让你钱生钱,而理财的范围更广,说得简单些,就是教你如何用好你手中的每一分钱。

我的理财故事,可以追溯到上一年级的时候,应该说很大程度上是受了父母的影响。父母每半个月会给我一定的零花钱,其实也没几块钱,那时候,对刚得到零花钱的我来说,并不知道什么叫节约,一看见自己中意的东西就买。但渐渐地,我对钱的概念有了新的理解,不再乱花一分钱,开始了自己的"理财生活"。

三年级下半学期某月的上旬,父母又给了我一些零花钱。一拿到这笔钱,我并没有直接将它放入口袋,而是拿出本子和笔。我先把这笔钱的总金额记录下来,再进行"分类",将钱分成几个部分。"嗯,这部分用来乘公交车,每次 2 元,可用 12 天;这部分用来买学习用品,共 8 元;这部分放在储蓄盒里……"我一边轻声念叨,一边用笔在纸上记录。很快,记录完成了,我又拿出了几个贴上纸条的小盒子,将钱分门别类地放好,又将盒子放回原位。

随着时间的流逝,写着"储蓄"二字盒子里的钱越来越多,已放不下了。于是,妈妈提议让我把这部分钱存入银行,以备他日之用,我同意了。这天,我们来到银行,我发现每个服务台前的玻璃上都贴有 1 个数字,上面还有其服务台的服务项目。我与妈妈来到储蓄服务台前。"小朋友,你要储蓄吗?"一位服务员阿姨和蔼可亲地说道,一边从玻璃下的一个小洞递过一张纸,"如果要,请把这张表填好"。我拿过表,在妈妈的指导下,认真地填写起来。写好后,我把表交给了服务员阿姨。又经过交钱、交户口簿确认、输入密码等步骤,我终于拿到了自己梦寐以求的首张存折。回家的路上,妈妈笑着对我说:"孩子,你有了存折,就意味着你长大了,可不能乱花。"我点点头。是"理财"让我学会了节约,是"理财"让我学到了知识,是"理财"让我享受了快乐。同学们,让我们一起来"理财",享受"理财"给予我们的快乐。相信你在生活中也曾经有过这样的经历,那么你已经在无形中接触了财经知识。

我们日常生活中时时刻刻都离不开各自财经信息,只不过没有专业知识的积累你可能并不知道这些就是财经专业知识,我们来举例看看:

爱美的女孩子去买衣服时有没有过这样的问题:瘦瘦的骨感美女穿 S 号,胖胖的丰满美女穿 XL,两件衣服放在一起相差很大,可是为什么尺码不同的服装有一样的售价? 尺码不同,原材料成本自然不同,为什么没有在价格上体现出来?

其实厂家精明得很,他们才不会让自己吃亏呢:首先,原材料成本相对设计、加工、流通等其他费用比起来,只占较小的部分,不同尺码造成的成本差异不大。其次,没有正规的包装袋,价格不同,不易于销售、存储时的管理。每一件衣服都要有不一样的价格核算是不是特别麻烦呢?最后,分尺寸定价涉嫌对大身材顾客的歧视。想想长得胖我已经有点自卑了,还要多出钱,那对于我买衣服还有什么值得期待的呢?

最近我也遇到了一件有意思的事情,我去买洗衣机,在我们家楼下的小市场,看到一款海尔的滚筒价格是2480元,但是在苏宁和国美是2780元。

我家楼下的小市场洗衣机的销量一定比苏宁、国美小很多,为什么会便宜呢?是不是质量有问题?还是有瑕疵的商品呢?后来,我分析,最近洗衣机涨价,苏宁、国美卖得快,所以很快就知道了新的价格,但是我家楼下的小市场卖得慢,反而还是用老价格,所以它便宜些。看吧,是不是了解了经济学,感觉自己喜欢思考了,回到开始的那些问题你也可以自己琢磨下,以后,通过专业课的学习,你会变得更加聪明。

2. 大珠小珠落玉盘——点滴生活学问大

在这个经济高速发展的年代,财经知识越来越被人关注,我们学习它、掌握它,让它来指导我们的生活。把财经的智慧运用到生活和工作中去,让人们既能在精神上得到知识的愉悦,更能学会在工作和生活中以经济学家特有的"法眼"识破一切机关,从而避开陷阱,有效地保护自身的利益,为我们的日常工作、生活带来有益和必要的帮助。

○ 阅读

等车现象

在城市里,另一类比较常见的现象就是等车,几乎每个公交车停靠站都是人头攒动。等车是一种浪费时间的行为,这点人人都明白,但事实是,只要你还没富裕到足可以天天"打的"的地步,你就难免每天要耐着性子等候公共汽车。那么,如何来看待人们的等车行为?它是不是与我们常说的"时间就是金钱"这句话相矛盾呢?初看起来,人们的等车行为是不符合经济学所说的资源的最优配置的,即违背了"时间就是金钱"的效率原则。但是,只要我们不机械地理解经济学的定义,我们就会发现,它其实正是资源最优配置的表现。所谓资源的最优配置,无非讲的是充分地利用资源的比较优势而已。那么我们来看看等车行为的比较优势是什么。为了更好地说明问题,现在我们假定有两人,穷人和大款,同在一个地方上班。大款可以天天"打的",而穷人只好天天挤公共汽车。两人的行为方式(资源配置方式)虽然是不同的,但同样是有效率的。这是因为,对于大款而言,他的比较优势是钱,而其稀缺资源是时间,在大款的生活中,"打的"虽然比坐公共汽车贵一点,但可以节约用在路上的时间,用节省下来的时间他可以创造比花在"打的"上的费用更高的价值,即钱生钱,所以大款选择"打的"是完全值得的。而穷人却不然,与大款相反,穷人多的是时间,少的是金钱,即其稀缺资源是钱。对于穷人来说,最重要的是能够少花钱办好事,时间用多少可以不在乎。等车就是一种既能消耗时间又能节约金钱的行为。换句话说,穷人用等车这一方式也能赚钱(公共汽车的相对价格更便宜)。如果穷人选择"打的"的话,节约下来的时间不能创造任何价值,这对他毫无意义(其实这种情况也适合于那些有钱但更有时间的人)。实际生活中我们还会看到穷人有时也很"慷慨",但这多半是有什么重要事要办,这一刻,也仅仅在这一刻,他的稀缺资源变为时间,而不是金钱了。

返券消费

女孩子很喜欢逛街,经常能够看到大商场打出标语"购物返券,购 XX 元返 XX 元",甚至是"购 XX 元返 XXX 元",很多女孩对于这种活动来说基本上很难抵挡住诱惑。可是在很多次冲动消费之后静下来想想这样便宜了么?对于"购 100 元返 100 元"消费者心理可能会这样计算:我买 100 元的东西,商店又送我 100 元,我不是相当于没花钱么?聪明的消费者一眼就能看出这种计算方法其实不正确,因为返券不是返钱,而且用返券购物的时候不会再次返券。

举例来讲,你买了一件价值 100 元的大衣,然后用返券购买一块 100 元的手表,这样你实际消费是 100 元算下来,相当于所有商品都打了 5 折。现在就有人说了,这样啊,那商场为什么不直接打五折,直接打五折不是一样的么?这里面就有另一个问题了,商场之所以不直接打折而返券,是有其目的。首先,从消费者心理上来讲,一般人如果用 50 元一件的价钱,购买到了两件,每件都价值 100 元大衣,就不会想再次消费,购买一块自己并不是很需要的手表。可是返券这种做法,让消费者不得不用 100 元购置了两件大衣,之后,再消费去购买手表,因为消费者手里还有 100 元的返券,如果不消费掉就会白白浪费。这样,在消费总量上,商家促使消费者多消费了 50 元。而且,每次消费者使用返券的时候,几乎都不会恰好用掉所有返券,假如消费者手里有 100 元返券,可是却选择了一件 90 元的商品,那么最后商家还是赚到了 10 元返券的额外收入;同样的,如果消费者去购买一件价值 110 元的商品,那么消费者就要额外消费 10 元,而这 10 元是不返券的,商家就在本应该打 5 折的商品上,赚到了不打折的 10 元。想到这里有没有觉得自己一直被商家玩得团团转?

下午茶的续杯问题

大多数企业都要卖很多种类的货物,要想维持经营,企业用不着对每一件货品索取高于其成本的费用。相反,它只需要使总收入等于或超过所卖货品的总成本就可以了。所以,要是套餐、甜点和其他物品已经包含了足够的利润率,餐馆当然可以提供免费续杯服务,同时又不亏本。那餐馆为什么会想到提供免费续杯的服务呢?因为竞争。在餐馆业里,随着就餐顾客的人数增长,他们为顾客提供服务的平均成本就会下降,而且因为餐馆为每顿膳食索取的费用必须要高于该顿膳食的边际成本(边际成本就是在任何产量水平上,增加一个单位产量所需要增加的工人工资、原材料和燃料等变动成本),所以,只要能吸引到额外的主顾,餐馆的利润就会有所增加。所以,你听到下午茶可以续杯的事情,是不是觉得自己特别划算呢？商家这是打着这个旗号让你走进大门，本身下午就是消费淡季，这样一来无形中增加了客源，其实你想想，从下午两点到四点，你究竟能续几杯呢？你肚子容量毕竟也是有限的吧。

税收制度对个人收入的影响

纳税是每个公民的义务，每个人都需要交纳个人所得税和消费税等税赋，等同学们工作了、赚钱了，或者你彩票中奖了，就必须缴纳个人所得税。有的同学会说，赚钱是我自己的事情，为什么还要交给国家钱呢？这样不合理啊！个人所得税是最基本的税赋，个人所得税缴纳是按照收入比例来缴纳的，这样的特点就是你赚得多税收交得多。比如说就像我们在幼儿园的时候老师分糖果，有个小朋友拿了10个，有个小朋友拿了5个，有的小朋友才只有3个，一共是18个，为了公平起见，拿到了十个的小朋友必须拿出来4个，分一个给拿到5个的小朋友，还有3个给只拿到3个的小朋友，这样大家都是6个就公平了。虽然说现实中个人所得税不是完全按照这样平分的标准来的，但是也是为了更加公平。我国按照工资收入的高低和不同等级收取个人所得税。这些税都会影响个人的收入，让社会上的贫富差距缩小，富人不至于太富有，穷人也不会太穷，社会更加和谐。但是我国个人所得税制度还不完善，长期以来，由于税收的不合理，中等收入者成了纳税的主体。再加上税收征管不力，相当一部分高收入者采取逃税、避税的措施，偷税、漏税现象严重，使得积累的财富越来越多，导致贫富差距拉大。这表明个人所得税在解决收入分配不平等方面没有发挥应有的作用，复杂的社会现实导致税务部门对个人收入缺乏有效的监管手段，使大量税源流失，根据税务部门统计，中国个人所得税的60%从工薪阶层所得，纳税人是以工资收入为主的普通职工，高收入人群对税收的贡献小得多，有些垄断性行业及房地产行业证券行业的收入过高，导致行业收入差距长期存在，对此应该制定并实施行之有效的政策措施来对他们的收入进行调节和规范，根据行业的贡献并参照其他行业的贡献确定其平均工资水平，并加强对个人所得税的征管。同时，为克服市场经济条件下，市场自我调节所产生的差距，必须采取政府干预，通过税收政策手段，调节贫穷人口和富裕人口的收入分配，使其公平合理，同时可以将从富人身上征收的税收用到穷人身上，帮他们渡过生活难关。在我国，社会发展不平衡，长期经济结构不合理，是不可能由市场自由调节达到平衡的，而只能靠政府和市场共同调节。但是我们不能因为这个就否定了税收的意义，我们自己是会计专业的，更加应该强化这种税收诚信意识。

3. 小荷才露尖尖角——初遇经济学

○ 阅读

"行人闯红灯"现象

日常生活中，我们可以看到"行人闯红灯"的现象几乎是随处可见。无论男女老少只要有机会就闯，看到空子就钻。也许他们其中有相当一部分是出于紧急情况而要抢时间，但是更多行人应该只是出于一种潜在的闯红灯心理。在苏州，有些道路安排了城市义工对行人过马路实行监督,可是任凭义工的哨子怎么警告,行人只顾自己,以最快的速度、步调闯过红灯。当然行人之中也不乏遵守交通规则的,但在绝大多数行人的"示范效应"之下,愿意"宁停三分,不抢一秒"的人毕竟又是少之又少。对于"行人闯红灯"问题政府有关部门采取了相应措施,但是无论是大力宣传教育还是设置大量监督岗都收效甚微,还不能从根本上杜绝这一现象。有一次去武汉,在多次过马路后发现

该市的众多道路未设置红绿灯,熙熙攘攘的行人和川流不息的车辆却并行不悖。由此我略加思考想到了亚当·斯密"看不见的手",即自由的市场经济。试想马路上不设置红绿灯,道路状况交由行人和车辆去相互调节从而达到均衡,即当马路旁行人占多数时,众多行人由斑马线迅速穿过马路而此时车辆只需稍作等待。当道路上车辆占据多数时车辆快速通过,此时作为行人则需稍作等待。这样的相互调节可减少因红灯持续时间过长(此处相对于等待过马路的行人)或持续时间过短(此处相对于等待通过信号灯的车辆)所造成的行人等待过久或车辆等待信号周期过长的问题,同时也避免了"行人闯红灯""车辆闯红灯"的现象。此外行人与车辆在相互调节中久而久之形成默契,达到均衡,实现双方等待时间的最短化,并达到降低交通事故发生频率的作用。尽管如此,也并不是说交通治安的维持就不需要交通信号灯,这就如同市场经济的自主调节会失灵一样。当道路不是直行的马路而是三岔路或十字路口时,不设置交通信号灯而依旧放任行人与车辆的相互调节则势必导致交通秩序的无序混乱,此时政府干预显得尤为重要,即交通信号灯可以发挥它调节交通的积极作用。此外,在人流车流繁忙的路口甚至有必要设置交警进行交通协调。市场经济需要自由调节也需要国家的调控,道路交通也是如此。城市里的直行马路可以尝试撤除红绿灯,放手让行人和车辆相互调节;三岔路、十字路口则保持交通信号灯,甚至于交警的调控作用。这样交通资源便可实现资源的优化配置,行人与车辆便可实现各自效用的最大化!

公交车运营现象

现在城市公共交通发展迅速,有发达的公交车网络还有地铁,比如,苏州现在已经来去方便,从提高城铁服务质量方面来看,城铁应该由政府独自经营转向股份制经营,或是民营。但是,前段时间去某个苏北城市的行程中,笔者曾多次搭乘该市的公交大巴,留下了不好的印象。该市的公交车不但外部陈旧,车内部更是破旧不堪,车内环境十分恶劣,而其余公交的状况也相差无几。唯一的好处在于公交车的票价低廉,横跨三个镇,其全程票价仅售2.5元(此为空调车,普巴票价更低)。反观苏州的轻轨,虽然票价较高,但是相比较苏北某市公交车车内外恶劣的环境,苏州轻轨和公交的内外部环境俱佳,车内明净整洁,座位分明并且车内都配有清洁袋和垃圾筒方便乘客使用,且司机大多态度和蔼。两个城市为何公交车运营状况的差别如此悬殊?显然,这与两地公交的运营体制密切相关。苏北某市的公交运营延续着政府补贴的低票价制度,政府将公交服务作为一种社会福利

制度。而苏州的公交运营由巴士集团等构成,政府不再把公交服务当作社会福利制度。而是引入集团化竞争,由竞争产生效率。同时,苏北某市的公交由政府运营,必然导致内部人员的效率低下。因为无论公交盈亏与否,公交内部人员依靠政府补贴固定按时领取工资,从而缺乏竞争,过着计划经济下的"大锅饭"日子。甚至会出现这样的情况,因为作为委托代理责任制,受到政府委托的公交代理人,即公交车队的负责人可能会利用职务之便谋取私利。作为公交内部的司机、乘务员则由于缺乏竞争可能产生偷懒的行为,从而降低服务质量。苏州的公交集团化竞争运营,由于产权明晰,企业自负盈亏,从而要求企业内部有序竞争,产生合理的激励约束机制,提高公交服务质量,提高公交运营效率,满足市民需要从而占据市场份额。正如时下我国的国企改革迫切需要进行股份制改造,明晰产权,实现政企分开,建立激励约束机制一样,我国很多城市的公交运营也迫切需要政府转变观念,改变公交服务实行政府补贴的低票价制、月票制作为社会福利制度的计划经济下的陈旧模式。将公交经营进行股份制改造,引入民营,促进公交竞争,使公交运营市场化。从而为市民提供舒适高效的公交服务,创造优美和谐的公交运营环境。我相信只有这样公交内部人员才得以产生改善服务,提高质量的动力,另一方面市民才有可能体验到尽善尽美的公交服务,享受到现代公交服务的舒适与便捷!

路边烧烤摊现象

苏州马浜新村小区周围的烧烤摊可谓是"一道风景",只要夜幕降临,搭设铁皮烤盒的小摊贩就纷至沓来。和这个地方类似的还有不少,就拿我家小区附近来说,夜间摆设的烧烤摊就多达十几家!他们多将烧烤摊设置在小区的草地、草坪旁,前来光顾的食客依草而坐。这类无证非法经营的烧烤摊一而再,再而三地遭到城市监管执法部门的打击取缔,但是却始终禁而不止,且经营大有蔓延扩张之势。追究原因一方面在于烧烤摊贩与城市监管执法人员大打"游击战",想方设法躲避相关执法。另一方面,相关执法部门执法不力,据了解执法人员发现烧烤摊贩的经营时仅仅是收缴他们用于放置炭火的铁皮盒,对于其他东西则不予理睬、熟视无睹。同时当天晚上收缴的铁皮盒,第二天烧烤摊贩们只需以每个2元的价格便可赎回。这种执法模式不但起不到任何打击取缔非法烧烤摊贩的作用,相反还会助长他们的气焰,因为作为应对手段,他们只需准备足够多的铁皮盒。烧烤摊贩们意识到城市监管部门的打击取缔仅仅是一种形式主义,不足以对他们构成警示作用。所以重新认识路边烧烤摊现象,明确执法方式手段显得尤为重要。德国古典哲学家黑格尔说过:"一切存在的就是合理的。"如今路边的烧烤摊贩普遍存在,因而必然具备其存在的合理性。根据凯恩斯定律,即需求可以创造供给。苏州有好几百万人口,外来人口又占据绝大多数,夜宵作为人们的一种饮食消费形式早已成为一种普遍的需求。同时物美价廉是每一个追求自我利益最大化的理性经济人所渴望的,因此便捷价廉的路边烧烤摊应运而生。设置在路边让顾客十分便捷,价格较低廉则满足绝大部分人的消费需求。低收入阶层可以承担,与此同时具有对烧烤食物偏好的人群也作为路边烧烤摊的主要需求人群。此外根据萨伊定律,即供给本身可以创造自身的需求,就苏州庞大的人口而言,对于烧烤这种夜宵形式的需求应该是十分巨大的。因而随着路边烧烤摊的递增,即供给的递增,潜在的需求逐渐被发掘。而随着供给、需求的递增,路边烧烤摊日益壮大起来,大有形成"规模经济"之趋势。因为市场平衡是供给与需求在相互作用后所达到的均衡状态,对于夜宵的需求创造了路边烧烤摊的供给。而路边烧烤摊的供给同时创造更多的消费需求。烧烤的需求与消费不断调节,不断实现均衡,因而这个市场本身自发调节,有序发展。此外,路边烧烤摊的出现解决了社会中一部分人群的就业问题,从某种程度上减轻了政府的负担,促进了社会的稳定。但是在肯定路边烧烤摊在经济学上合理性的同时,其存在的弊端也渐渐显露并且需要得到关注。其一,路边烧烤摊作为无证非法运营理应被相关城市监管部门所打击取缔;其二,路边烧烤摊在经营中产生大量的油烟,污染城市空气,烧烤摊位所处地的地面大多被烟气熏黑,严重造成城市污染。鉴于市场形成后轻易不能打破,相关执法部门应该改打击取缔方式手段为监督指导的方式手段。城市监管执法人员应当合理监督摊贩们的行为,指导他们树立起保护环境的意识,做到经营烧烤和保护环境两手抓,两手硬。烧烤摊贩们对于经营中产生的垃圾要自主清理,对于经营中对周围环境的破坏要负责。例如可以向相关环保部门交付一定的环境修补费用。此外,食品监察部门应该配合城市监管部门对于路边烧烤摊的食品质量进行检验,并通过舆论媒体引导大众少吃这类烧烤类食品(烧烤后的食物中会产生致癌物)。这样路边烧烤摊作为一种经济现象和一种社会现象也就同时具有其存在的合理性了,而那时无论是摊贩还是消费者,甚至是上级部门都会皆大欢喜,各得其所。

图书馆雨伞堆积现象

前段时间,苏州的天气极不稳定,时而阴雨连绵,时而晴空万里,平日只要室外不下雨我就不情愿带伞出门。某天课后去图书馆,天公不作美,窗外下起滂沱大雨,恰好又正值中午准备就餐之时。一时间心里没了着落,想回家也不成,焦急之际发现图书馆自习室门口的雨伞架上堆积了大量前来自习同学的雨伞。片刻思索后我随手拿了其中一把雨伞冲往办公室,当然下午便将所"借"雨伞原物奉还。事后回想虽然是未经他人同意私自借用而有违常理道德,但是仔细琢磨却发现其中所暗藏的经济学道理,不禁窃喜于这次鲁莽的借伞举动。首先联想到在很多商家和银行,门口专门设置供顾客在阵雨来临时未备雨伞时借用的公共雨伞。借用雨伞的顾客在借用后只需原物送还便可任意自主借用。笔者每每观察,在下雨之际各处雨伞都被一扫而空,真可谓供不应求。那么闲置在自习室门口雨伞架上的雨伞为何不能为他人借用呢?固然商家设置的雨伞属于公共品的范畴,具有非排他性的特点;而自习室里的雨伞属于私有财产,所有权明晰,具有排他性。但是大量的雨伞形成的资源闲置岂不是很浪费?况且笔者相信有为数不少的同学都曾遇到突降大雨而手中无伞的尴尬境遇。经济学假定资源的稀缺性,因而要实现资源的最优化配置,而不能让资源大量闲置得不到利用。在通常看来假定某人借用了他人的雨伞,剥夺了他人使用雨伞的权利,但事实上他人也许那时那刻并不需要雨伞。那么这就属于达到了经济学上的"帕累托最优","帕累托最优"是一种资源配置效率的状态,即是一人效用的增加必须以另一人效用的减少为前提。"帕累托最优"要求我们要惠己悦人,侵占他人使用雨伞的权利,表面上看似乎损人利己,但是事实上往往利己而未损人,从而实现"帕累托最优"。图书馆门口雨伞架上的雨伞足够多,当某人借用了他人的雨伞时,他人也许一直待在自习室,不必使用雨伞,因而别人对他雨伞的借用并未侵害到他的利益。从另一方面看,假使当某人借用了别人闲置的雨伞后,别人不久后正好需要使用该雨伞,但是发现自己的雨伞已经被不知名者借用拿走,此时他亦可选择借用第三个人的雨伞以作一时之需。这样看来他的利益依然得到了保障。补充一点的是,自习室内不可能所有人都在某一时段同时离开而需要使用雨伞,所以雨伞架上雨伞的可供给量必然大于对雨伞的需求量,因而自习室里需要离开而使用雨伞的同学必然都能够拿到雨伞架上的雨伞。这样因下雨未带雨伞的同学私自借用雨伞架上的雨伞从理论上讲是可行的。不过还有非常重要的一点是所借雨伞必须尽早归还,因为私自借用只能作为一种极端的应急手段应付一时之需。

从产权与交易费用上看,雨伞的产权明晰,首先所有权理所当然属于雨伞的所有者。但是当该所有者自习而将雨伞放置在雨伞架上闲置时,该雨伞的使用权暂时脱离该所有者,因而别人有机会使用该所有者的雨伞从而享有该雨伞的使用权。对于该雨伞的收入享受权无疑还是从属于该雨伞的所有者,在不考虑自由转让权时,私自享有了该雨伞使用权的人有义务向该雨伞的所有者交付一定的交易费用,即使用费。在私自使用了他人的雨伞后,原物归还时可以留言署名并象征性地留下"使用费",当然按常理此使用费大可免除,通过留言来答谢该雨伞的所有者似乎合乎情理,也体现了一种人文关怀。此外依据著名的科斯定律,即当交易费用为零时,产权可以通过协调从属于交易双方的任意一方。那么在某人借用雨伞所有者雨伞时,交易费用可以看作是零,因而此时该雨伞的使用权可认为暂时从属于某人而脱离其所有者。不过还要强调一点,不经许可而借用的行为绝对不予以提倡,在此仅借作经济学分析的案例。

4. 犹抱琵琶半遮面——聊聊那些关于"钱"的事情

简单设问一下,一个人从呱呱坠地直到垂垂老矣,这一生当中,始终都在面对一个问题。这个问题,其实也是有史以来人类一直需面对的,即怎样有效地利用有限的资源为解决这个问题一直在不懈努力的就是"经济学"。这也许是对经济学最平民化的解释,你家里就那么多钱,怎么分配到每个人身上?每一年大家买衣服花了多少钱?买书花了多少钱?或者请客吃饭花了多少钱?然而,作为一门真正的现代科学,真正了解经济学,并能为己所用者,却为数不多。究其原因,在于自从1776年,亚当·斯密发表《国富论》以来,经济学历经了漫长发展,时至今日已博大精深。这就像当初只有几株幼苗的原野,而今已是一望无际的林海。"由极简至极繁",当今的经济学已渗透至人类社会的各个领域,其范围之广,远远超乎人们的想象。如果罗列这门科学的分支,其数量当以百计,以至于1992年诺贝尔经济学奖获得者美国人加里·贝克尔声称,经济学几乎可以分析人类社会90%的行为。

话虽如此,在现实当中,如果一个人对某种事物、某个现象产生好奇,进而想去探究它的经济学机制时,往往会在专业书籍中大量的原理、数字和图表面前无所适从,接着望而生畏,最后退避三舍,从而极大减少了对这门学科的兴趣。和任何一门学科一样,经济学也是由最基础的命题、定理开始,沿循着逻辑体系展开,直至构筑成一座宏伟的大厦。要学习它,需要按这一模式循序渐进。可是,生活在这个时代,我们已经注定不能对生活里的各种现象熟视无睹,各种关于"钱"的问题,我们都会比较感兴趣:为什么同一种型号的手机,在百姓和学生间会有悬殊的售价?为什么在粗粮和细粮之间,玉米的市场价格有时会超过小麦？为什么某种商品价格猛涨，人们反而争先恐后地抢着去购买？为什么把钱存进银行生利，几年后发现自己反而赔了钱？为什么已经提高香烟征税，对控制吸烟的效果依然不甚明显？为什么学经济学的研究生，几个人要联合起来到街头擦皮鞋？为什么人民币在不断升值，变得更加值钱后反而又生新烦恼？为什么产品比原料还便宜，这种市场竞争优势反而隐藏风险？为什么"中国制造"风靡全球，经济学家们对此却一直忧心忡忡？

平时听到各种新闻媒体上出现的财经名词，同学们会好奇吗？其实没有那么复杂啦，我们先来一起了解一下吧：

○ 阅读

浪费 PK 节俭——节俭悖论

常会听见家里老人说你浪费吗？衣服已经够穿了为什么还要买呢？到底是不是浪费呢？

王先生是一家外企的高级管理人员，收入丰厚，家庭生活富足。可是王先生却常常为父亲的过分节俭和儿子的过度消费而生气。

王先生的父亲是一个十分节俭的人。虽年已七旬，但勤俭的习惯却一直未改。为了节省一点电费，他的父亲看电视时从来不开灯，空调也是舍不得开的。当王先生因此而说几句时，他的父亲总是说："咱住在二楼这么阴凉，如果再开空调，浪费电不说，凉得也实在让人受不了。"为了防止蚊子咬他，王先生专门给父亲买了一盒蚊香让他记着晚上睡觉前点上。可他的父亲总是说："不点也罢。过去在农村，有谁点蚊香？人瞌睡了自然就会睡着，这么大个人还在乎蚊子咬两口。"为了免费理发，他的父亲从城西步行到城东找义务理发摊儿。为了省钱，他的父亲不仅坚持自己蒸馒头，而且也很少买菜，常常是逛菜市场时顺便捡上一些菜回来。父亲过生日时王先生说到饭店里去吃顿饭，可他却说："还是在自己家吃实惠，割斤肉，擀点儿面，比去饭店吃强多了。"

但是与父亲形成鲜明对比的是王先生的儿子。为了玩游戏，硬是让他妈给买了一台好电脑，游戏光盘一买就是好几盘儿。想弹吉他，就让他妈给买了一把吉他，还专门请了老师教他。到了夏天，儿子是进门就开空调，冰箱里好点的冰糕都是为他准备的。早上他动不动就要去喝两三块钱一碗的羊肉汤。中午和晚上没有肉他是不会动筷子的。就这还不算，双休日他还总要王先生带他去饭店里撮一顿。对此，王先生没有少说儿子，可是儿子却振振有词："现在提倡消费，国家领导人都说要扩大内需，我们应该响应党的号召，为社会多做贡献。而且，您和我妈的收入也不应该在乎这点支出。"王先生非常矛盾，常因父亲过分的节俭而心疼，但对儿子的过度消费虽然生气却又无可奈何。

其实，王先生在这里就遇到了一个经济学问题——节俭悖论。

18 世纪，荷兰的曼德维尔博士在《蜜蜂的寓言》一书中讲过一个有趣的故事。一群蜜蜂为了追求豪华的生活,大肆挥霍,结果这个蜂群很快兴旺发达起来。而后来,由于这群蜜蜂改变了习惯,放弃了奢侈的生活,崇尚节俭,结果却导致了整个蜜蜂群体的衰败。

蜜蜂的故事说的就是"节俭的逻辑",在经济学上叫"节俭悖论"。在西方经济学史上,节俭悖论曾经使许多经济学家倍感困惑,但经济学家凯恩斯从故事中却看到了刺激消费和增加总需求对经济发展的积极作用,受此启发,他进一步论证了节俭悖论。

凯恩斯是20世纪最有影响的经济学家,一生对西方经济学做出了极大贡献,一度被誉为资本主义的"救星"、"战后繁荣之父"。"节俭悖论"就是他最早提出的一种理论,也称为"节约反论"、"节约的矛盾"。

如何解读这个悖论呢?我们都知道,节俭是一种美德,是个人积累财富最常用的方式。如果某个家庭能勤俭持家,减少浪费,增加储蓄,那么这个家庭往往可以致富。但是,根据凯恩斯的总需求决定国民收入的理论,节俭对于经济增长并没有什么好处。实际上,这里蕴涵着一个矛盾:公众越节俭,降低消费,增加储蓄,往往会导致社会收入的减少。因为,人们的收入通常有两种用途——消费和储蓄,而消费与储蓄呈反方向变动,即消费增加,储蓄就会减少,消费减少,储蓄就会增加。所以,储蓄与国民收入呈现反方向变动,储蓄增加,国民收入就减少,储蓄减少,国民收入就增加。根据这种看法,增加消费,减少储蓄会通过增加总需求而引起国民收入增加,就会促进经济繁荣;反之,就会导致经济萧条。由此可以得出一个蕴涵逻辑矛盾的推论:节制消费增加储蓄会增加个人财富,对个人是件好事,但由于会减少国民收入引起萧条,对整个国民经济发展却是件坏事。

节俭悖论告诉我们:节俭减少了支出,迫使厂家削减产量,解雇工人,从而减少了收入,最终减少了储蓄。储蓄为个人致富铺平了道路,然而如果整个国家加大储蓄,将使整个社会陷入萧条和贫困。也就是说,在资源没有得到充分运用、经济没有达到潜在产出的情况下,只有社会每个成员都尽可能多消费,整个经济才能走出低谷,迈向经济繁荣的阶段。

凯恩斯还说明,需求增加所引起的GDP的增加一定高于原来需求的增加。这被称为"乘数效应"。比如说,需求增加了1亿,但最后GDP的增加一定大于1亿。这是因为各种物品有互补性,国民经济各部门之间是相关的。比如,富人买别墅花了1亿,GDP增加了1亿。住在别墅里一定要有汽车,买车又用了1000万。买汽车要买汽油、买保险、购买各种服务(过路费、维修等)又要用1000万。仅就这些支出已达1.2亿元。用于买别墅的1亿元带动了建筑、装修等行业,这些部门的人收入增加,消费增加。用于买汽车和相关物品与劳务支出的1000万元也带动了这些行业的人收入和消费增加。住房和汽车又带动了钢材、水泥、机械等行业。这样一轮一轮带动之下,整个经济GDP的增加肯定不止原来买别墅的1个亿。在这个过程中,经济发展了,所有的人——无论是作为股东和高管的富人,还是作为管理和技术人员的中等收入者,以及低收入者工人都会受益。

在经济学中一加一不一定等于二。也就是说,对个人有益的事情不一定就对全体有益;在有些情况下,社会成员个人的精明可以是整个社会的愚笨。解决节俭悖论的这一现实存在于经济是否处于萧条的水平这一问题之中。在一个古老的社会中,我们总是处在充分就业状态;因此,我们把国民产品用于当前消费越多,可用于资本形成的产品就越少。如果产出可以假定总是处在其潜在水平,那么传统的节俭理论就是绝对正确的,即从个人和从社会角度来说都是正确的。也就是说,节俭悖论的存在,是有它的社会经济发展的特定条件的,并不是说任何时候都如此。

总之,我们要辩证地看待节俭和消费的问题。像案例中王先生的父亲和儿子,他们的观点都对,但又都不全对。关键是一个度的把握问题。节俭是中华民族的传统美德,但并不是不去消费;而消费也不是奢侈地去浪费。我们要大力提倡理性消费,也要理直气壮地反对盲目消费。

好事 OR 坏事——人民币升值

2005年7月汇改以来,人民币对美元保持持续升值的态势。2008年4月10日,人民币兑美元的汇率首度破7,人民币汇率一时又成为舆论的焦点,甚至普通百姓也会热议人民币升值问题。有的人认为人民币升值是好事情,而有的人认为人民币升值是坏事情,不同的人有不同的看法。那么,到底人民币升值是好是坏呢?对于普通百姓来说有多大影响?该如何对待人民币升值?

有的人认为人民币升值了,钱值钱了,老百姓出国旅游、买原装进口汽车、瑞士表更便宜了,大企业到国外吞并企业成本降低了……美国为什么下大力气逼迫人民币升值?难道美国人傻吗,让自己国家的钱不值钱?其实我们从日元相对美元的升值就能看到其中的道理。1985年美、英、法、前联邦德国在纽约广场饭店举行会议,迫使日本签下了著名的《广场协议》,签字之前美元兑日元在1美元兑250日元上下波动,《协议》签订后,在不到3个月的时间里,快速下跌到200日元附近,跌幅20%。到1987年最低到达1美元兑120日元,在不到三年的时间里,美元兑日元贬值达50%,也就是说,日元兑美元升值一倍。日本人当时也以为自己一夜之间成了富翁,但事实却是日本的经济所遭受的打击用了20年也没有缓过劲来!

人民币的升值对富人的好处确实是显而易见,如人民币对美元升值,以前8.5元人民币换一美元,现在不到7元就可换到,到国外去玩、去购置产业就更廉价了,富人手里的钱更值钱了。但对于靠着工资生活的老百姓来说却没有多少好处,甚至带来坏处。以前买一个烧饼五毛钱不会因为人民币升值而变为四毛,相反境外游资来豪赌人民币升值,大量热钱促使物价上涨,这看看现在的房价就知道了。最要命的就是就业问题!外国企业到中国来办厂,是来挣钱的,图的就是低廉的劳动力成本,一旦人民币升值的幅度威胁到外国企业的利益(因为人员工资等费用是以人民币结算),他们就会撤资,去寻找更低廉的劳动力市场。还有就是不利于中国产品的出口,因为换汇成本问题,国内产品在国际市场上贵了,肯定影响到占有率。比如,升值前1美元等于8元人民币,升值后,1美元只折合7元人民币,假设包子1元人民币1个,升值前,外国人用1美元本来能买8个包子,升值后,1美元只能买7个包子了,也就是说中国的东西变贵了,那外国人就会不买你的东西,而去买更便宜的东西,因此,中国的出口量就要减少。这样一来,国内的企业特别是出口企业就更困难了。

总体来说,人民币升值是大势所趋,关键是如何升。其实,客观地说,人民币升值是一把"双刃剑"。升得恰到好处,则对我国有利;升得不好,则对我国有害。具体来说,有利的方面体现在以下几点:

(1) 人民币升值给国内消费者带来的最明显变化,就是手中的人民币"更值钱"了。你如果出国留学或旅游,将会花比以前更少的钱;或者说,花同样的钱,将能够办比以前更多的事。如果买进口车或其他进口产品,你会发现,它们的价格变得"便宜"了,从而让老百姓得到更多实惠。

(2) 有利于进口产业的发展。人民币升值以后,其购买能力就提升了,企业进口的成本就降低了。

(3) 人民币升值可能意味着人民币地位的提高,中国经济在世界经济中地位的提升。一国货币的升值和贬值,是一国国力的象征,比如,近年以来,你到东南亚各国去旅游,只要带人民币就可以了。人民币并不能自由兑换,为什么东南亚各国会接受人民币呢?那是因为中国经济实力增强了,人民币获得了人们的认可和信任。这样,靠经济实力说话的人民币自然而然也就获得了更大的国际事务话语权。

人民币升值的弊端体现在以下几点:

(1) 人民币升值会影响到我国外贸和出口。人民币升值会提高中国产品的价格,加大资本投入的成本,带来的是我国出口产品竞争力的下降,从而引发国内经济的不景气。

(2) 人民币升值不利于我国引进境外直接投资。我国是世界上引进境外直接投资最多的国家,目前外资企业在我国工业、农业、服务业等各个领域发挥着日益明显的作用,对促进技术进步、增加劳动就业、扩大出口乃至促进整个国民经济的发展产生着不可忽视的影响。人民币升值后,则会对外资造成很大影响。20世纪80年代,中国台湾地区也曾经历过中国大陆现在的压力,在台币对美元的汇率从1:40涨到1:25后,一些传统的低附加值产业,纷纷转移到东莞。同样,有专家分析,如果人民币升值,这些传统产业又会从东莞转移到中亚、越南等更不发达的地区。本来,中国还有很多地区,比如西部,可以容纳这些产业,但因为货币的调整是针对所有企业的,可能使得中国被迫提早经历产业空洞化的过程。

(3) 人民币升值会加大国内就业压力。人民币升值对出口企业和境外直接投资的影响,最终将体现在就业上。因为我国出口产品的大部分是劳动密集型产品,出口受阻必然会加大就业压力,就业压力比较大的情况之下,更是雪上加霜了。

不值钱的背后——通货膨胀

是不是经常听见妈妈买菜回家抱怨钱越来越不值钱了,原来100块可以买不少菜,现在买一点点就没了,通货膨胀成了人们最热门的话题之一。菜价一直在涨价,以前多少钱就能买不少猪肉,现在不行了。粮价涨了,油价涨了,猪肉价涨了,房价更是在涨,可以说是涨声一片。这让敏感的老百姓渐渐紧张起来,办公室、菜市场、洗手间、公交车、网络论坛……关于涨价的讨论随处可闻。那么,作为普通老百姓,我们该怎样认识通货膨胀呢?

通货膨胀，就是货币相对贬值的意思。说得通俗一点，就是指在短期内钱不值钱了，一定数额的钱不能再买那么多东西了。假如半年前，8元钱能买1斤猪肉，可是现在却需要13元才能买1斤猪肉。而且这种物价上涨、货币贬值的现象还比较普遍，也就是说，不光是猪肉涨价了，当你环顾四周，看到绝大部分商品的价格都上涨了，这就可以断定通货膨胀确实发生了。人们通常都不喜欢通货膨胀，因为辛辛苦苦赚来的钱变得不值钱了——尽管在通货膨胀时，人们往往赚得更多。

通货膨胀可以分成好几类，而且不同的通货膨胀对人们生活以及社会经济的影响也不相同。

(1) 温和的通货膨胀。这是一种使通货膨胀率基本保持在2%~3%，最多不超过5%，并且始终比较稳定的一种通货膨胀。人们一般认为，如果每年的物价上涨率在2.5%以下，不能认为是发生了通货膨胀。当物价上涨率达到2.5%时，叫作不知不觉的通货膨胀。

一些经济学家认为，在经济发展过程中，搞一点温和的通货膨胀可以刺激经济的增长。因为提高物价可以使厂商多得一点利润，以刺激厂商投资的积极性。同时，温和的通货膨胀不会引起社会太大的动乱。这种温和的通货膨胀能像润滑油一样刺激经济的发展，因此被称为"润滑油政策"。

(2) 快速的通货膨胀。这是一种不稳定的、迅速恶化的、加速的通货膨胀。这种通货膨胀发生时，通货膨胀率较高（一般达到两位数以上），人们对货币的信心产生动摇，经济社会产生动荡，所以这是一种较危险的通货膨胀。

(3) 恶性的通货膨胀。恶性的通货膨胀也称为极度的通货膨胀、超速的通货膨胀。这种通货膨胀一旦发生，通货膨胀率非常高（一般达到三位数以上），而且完全失去控制，其结果是导致社会物价持续飞速上涨，货币大幅度贬值，人们对货币彻底失去信心。这时整个社会金融体系处于一片混乱之中，正常的社会经济关系遭到破坏，最后容易导致社会崩溃，政府垮台。

这种通货膨胀在经济发展史上是很少见的，通常发生于战争或社会大动乱之后。例如在1923年的德国就发生过，当时第一次世界大战刚结束，德国的物价在一个月内上涨了2500%，一个马克的价值下降到仅及战前价值的一万亿分之一。还有津巴布韦，其2008年7月份的通货膨胀率高达2200000%。

(4) 隐蔽的通货膨胀。这种通货膨胀又称为受抑制的(抑制型的)通货膨胀。这种通货膨胀是指社会经济中存在着通货膨胀的压力或潜在的价格上升危机，但由于政府实施了严格的价格管制政策，使通货膨胀并没有真正发生。但是，一旦政府解除或放松价格管制措施，经济社会就会发生通货膨胀，所以这种通货膨胀并不是不存在，而是一种隐蔽的通货膨胀。

通货膨胀的原因有很多种，也比较复杂，比如物价指数提高、经济过热、大量商品交易价格上升、政治因素等。对于我们普通人来说，没有必要深究其产生的原因，关键是如何

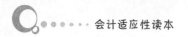

应对,以减少压力和损失。

从宏观上来讲,对于抑制通货膨胀我们普通老百姓无能为力,主要是依靠政府进行调控,出台相关的经济政策和措施,例如上调存贷款利率,提高金融机构的存款准备金率,实行从紧的货币政策,包括限价调控令、严禁哄抬商品价格等。从微观上来说,老百姓自身也可以采取一些措施,以应对通货膨胀。

首先,当然是努力工作,多多赚钱,减少开支,以减轻通货膨胀的压力。

其次,可以通过各种投资理财来抵消通货膨胀对财产的侵蚀。但需要针对不同程度的通货膨胀来考虑选择投资理财的工具。

2%～5%的温和通货膨胀一般是经济最健康的时期。这时一般利率还不高,经济景气良好。这时虽然出现了一些通货膨胀,但千万不要购买大量的生活用品或黄金,而应当将你的资金充分利用,分享经济增长的成果。最可取的方法是将资金都投入到市场上。此时,无论股市、房产市场还是做实业投资都很不错。当然这个思路的另一面就是,这时一般不要购买债券,特别是长期的债券。而且要注意的是,对手中持有的资产,哪怕已经有了不错的收益,也不要轻易出售,因为更大的收益在后面。

当通货膨胀达到5%～10%的较高的水平,此时经济处于非常繁荣的阶段,常常是股市和房地产市场高涨的时期。这时政府出台的一些调控手段往往被市场的热情所淹没。对于理性的投资者来说是该离开股市的时候了,对房产的投资也要小心了。

在更高的通货膨胀情况下,经济明显已经过热,政府必然会出台一些更加严厉的调控政策,经济软着陆的机会不大,基本上经济紧接着会有一段时间衰退期。因此这时一定要离开股市了。房产作为实物资产问题不大,甚至可以说是对抗通货膨胀的有力武器,但要注意的是不要贷款买房,这个时候的财务成本是很高的,也绝不能炒房,甚至不是投资房产的好时候,手中用于投资的房产也要减持,因为在接下去的经济衰退期中房产市场也一定受到影响。这时,利率应当已经达到了高位,长期固定收益投资成了最佳的选择,如长期债券等,但企业债券要小心,其偿付能力很可能随着经济的衰退而减弱。储蓄型的保险可以多买一些。

当出现了恶性的通货膨胀时,最好的方法就是以最快的速度将你的全部财产换成另一种货币并离开发生通货膨胀的国家。这个时候任何金融资产都是垃圾,甚至实物资产如房产、企业等都不能要,因为这里的经济必将陷入长期的萧条,甚至出现动乱。对于普通老百姓来说,离开国家的可能性不是很大,那就只有多选择黄金、收藏等保值物品,以减少损失。

好啦,我们对于财经的一些知识也没那么陌生了吧,生活中处处都有财经,接下来等你学写了各种财经的知识后会更加了解各种专业知识哦!只要注意观察周围的现象,学会思考,你会变得越来越聪明,爆发吧小宇宙!

○ 讨论题

请把你找到的生活财经写下来

第二篇 走近会计的浩瀚领域

第四节　会计名词

会计男写给审计女的一封情书

亲爱的×××：

近来一切可好？记得在第一季度结账后的第二天,我们相遇了。你那时穿着一件成本不高但无形资产巨大的粉蓝色裙子,迈着收支平衡的步伐在新登记的初夏显得那样灿烂!

那一刻,我忽然明白了,你不就是我日夜搜寻的贷方？我相信这绝对不是简单的或有事项,我们的姻缘在前生的账簿中就已经记载了。

于是,我在心里开始盘算,我发誓一定要成为你的借方。

功夫不负有心人,经过几个月的苦心经营后,终于让你明白了我们是那样地符合配比原则,就犹如梁祝的并购、罗密欧与朱丽叶的重组那样成功。

至于你审计过程中发现的不满意:账面价值过低的现象,你应该把那担心加速折旧掉,因为那只是暂时的,时间会证明,我现今只是处于在建工程阶段,到将来,你会发现我才是你最成功的长期投资。我会在婚后,为你提供源源不绝的现金流,并且保证向你交纳超额累进税额,来更新你身上的固定资产,扩充你钱包内的流动资产,让你成为太太们中的绩优股。

请你放心,这一天的到来一定不会遥远,因为我对你的爱即使用光世上所有的记账凭证都无法描述,拨尽算盘上的所有算珠都不能计量。

如果把这些数不清的爱的明细账汇成总账的话,我只用三个字就可以表达我的心声了:那就是——我爱你!

如果要我给它加一个期限的话,我希望:永续盘存!

爱你的会计×××

读完上面这封饱含深情的情书,你有没有被这位会计男的真心所打动呢？初识会计的你,对情书中出现的很多会计名词或许都很陌生,随着日后的会计专业学习,相信你一年后再次翻看这封情书时,一定会有更加深入的理解。

走进会计领域,第一大关就是专业名词的理解。学好会计知识的诀窍在于做个生活的有心人,所有的专业词汇都源于生活,提炼为记录的专业术语。这里会介绍会计紧密相关的一些实用性名词,通过这些名词,让你将会计和生活联系起来,让你在未来接触专业教科书时,不再觉得如"天书"般迷茫,为你打开新世界的大门。

1. 会计"周边"机构

◆ 银行

银行是依法成立的通过存款、贷款、汇兑、储蓄等业务,承担信用中介的金融机构。银行是金融机构之一,而且是最主要的金融机构,它主要的业务范围有吸收公众存款、发放贷款以及办理票据贴现等。银行按类型分为:中央银行、商业银行、投资银行、政策性银行、世界银行等,它们的职责各不相同。

(1) 中央银行:"中国人民银行"是我国的中央银行。

(2) 商业银行:即我们常指的银行,有工商银行、农业银行、建设银行、中国银行、交通银行、招商银行、邮政银行、兴业银行等等。

(3) 投资银行:简称投行,比如国际实力较大的有高盛集团、摩根士丹利、摩根大通、法国兴业银行等等。

(4) 政策性银行:中国进出口银行、中国农业发展银行、国家开发银行。

(5) 世界银行:资助国家克服穷困,各机构在减轻贫困和提高生活水平的使命中发挥独特的作用。

我们平时一般通过商业银行来办理各项业务。随着经济的发展,除了上文中的举例外,还有很多商业银行在苏州安家落户。你还能说出哪些银行?

下面这些银行的行标,你能认出几个?

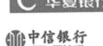

◆ 财政机关

财政部门亦称"财政机关",是从中央到地方的政府行政机关中负责财政管理工作的机构。我国的财政部门包括:国务院下设的财政部,地方各级政府所设的各省、自治区、直辖市财政厅(局),各行政公署财政处,各县(市)、自治州、自治县、市辖区财政局,以及各乡、镇财政所。

财政部门的主要工作:

(1)在国务院和各级人民政府直接领导下,编制国家和各级政府的预算和决算,办理预算执行业务。

(2)根据国家的财政法令和财政政策制定各项财政业务规章制度、法规条例,管理各部门、行政事业单位、国防、外事等部门的财务。

(3)制定财务会计制度和管理法规条例,管理国营企业、事业和行政单位的会计工作。

(4)进行财政监督、检查、执行财经纪律。

(5)管理各项财政收入、预算外资金和财政专户以及政府性基金和行政事业性收费。

(6)各级政府交办的事项等。

◆ 税务机关

税务部门是政府的组成部分,是国家重要组成部分。主要职责是管理国家税收。包括国家税务局系统和地方税务局系统。

税务机关的权力:

(1)税务管理权。包括有权办理税务登记,有权审核纳税申报,有权管理有关发票事宜等。

(2)税收征收权。这是税务机关最基本的权利,包括有权依法征收税款和在法定权限范围内依法自行确定税收征管方式或时间、地点等。

(3)税务检查权。包括有权对纳税人的财务会计核算、发票使用和其他纳税情况、对纳税人的应税商品、货物或其他财产进行查验登记等。

(4)税务违法处理权。包括有权对违反税法的纳税人采取行政强制措施,以及对情节严重、触犯刑律的,移送有权机关依法追究其刑事责任。

(5)税收行政立法权。被授权的税务机关有权在授权范围内依照一定程序制定税收行政规章及其他规范性文件,作出行政解释等。

(6)代位权和撤销权。此次在新修订的税收征管法中,为了保证税务机关及时、足额追回由于债务关系造成的、过去难以征收的税款,赋予税务机关可以在特定情况下依法行使代位权和撤销权。

◆ 工商机关

工商行政管理机关是作为国家主管市场监督和市场行政执法的职能部门。国家赋予其主要职责是:

(1)研究制定工商行政管理的方针、政策和有关法律、法规,制定、发布工商行政管理的规章制度。

(2) 主管全国工商企业和从事生产经营活动的事业单位、社会团体、公民个人的登记注册工作,核发有关证照,依法确认其企业法人资格或合法经营地位。依法监督检查登记注册单位的登记注册行为。依法核定登记注册单位的名称。

(3) 依法监督检查市场主体的交易活动,查处垄断和不正当竞争、侵犯消费者权益和其他市场交易违法、违章案件。依法或经国务院授权,组织开展全国性的市场监督与行政执法活动。

(4) 依法监督管理经济合同,指导合同仲裁机构的工作。

(5) 依法对国内外商标申请实行统一注册和管理,认定驰名商标,查处商标侵权行为,保护注册商标专用权,认可商标代理机构并指导其工作。依法对商标评审案件做出终局决定或裁定。

(6) 监督管理消费品市场、生产资料市场,参与监督管理金融、劳动力、房地产、技术、信息等生产要素市场和期货市场。参与市场体系的培育、发展,参与论证、规划全国市场布局,开展各类交易市场登记及统计工作。

◆ 审计机关

审计机关是指依照国家法律规定设立的、代表国家行使审计监督职权的国家机关。各级审计机关,都是本级政府的组成部分和职能部门。审计机关是审计制度的核心,是各级政府用以实行财政经济管理和监督的常设机构。设立审计机关进行审计监督,是实行现代管理和监督财政经济活动的重要手段之一,是健全社会主义财政经济法制的一项重要措施。

审计署是国家最高审计机关,在国务院总理领导下,组织领导全国的审计工作,负责审计署审计范围内的审计事项。县级以上地方各级审计机关分别在省长、自治区主席、市长、行政公署专员、州长、县长、区长和上一级审计机关的领导下,组织领导本行政区的审计工作,负责本级审计机关审计范围内的审计事项。

◆ 企业

企业一般是指以盈利为目的,运用各种生产要素(土地、劳动力、资本、技术和企业家才能等),向市场提供商品或服务,实行自主经营、自负盈亏、独立核算的法人或其他社会经济组织。

在商品经济范畴内,作为组织单元的多种模式之一,按照一定的组织规律,有机构成的经济实体,一般以营利为目的,以实现投资人、客户、员工、社会大众的利益最大化为使命,通过提供产品或服务换取收入。它是社会发展的产物,因社会分工的发展而成长壮大。企业是市场经济活动的主要参与者;在社会主义经济体制下,各种企业并存,共同构成社会主义市场经济的微观基础。

企业存在三类基本组织形式:独资企业、合伙企业和公司,公司制企业是现代企业中最主要的最典型的组织形式。现代经济学理论认为,企业本质上是"一种资源配置的机

制",其能够实现整个社会经济资源的优化配置,降低整个社会的"交易成本"。

◆ 会计师事务所

会计师事务所(Accounting Firms)是指依法独立承担注册会计师业务的中介服务机构,是由有一定会计专业水平、经考核取得证书的会计师(如中国的注册会计师、美国的执业会计师、英国的特许会计师、日本的公认会计师等)组成的、受当事人委托承办有关审计、会计、咨询、税务等方面业务的组织。

○ 阅读

"四大"会计师事务所

四大会计师事务所指世界上著名的四个会计师事务所:普华永道(PWC)、德勤(DTT)、毕马威(KPMG)、安永(EY)。

普华永道(Price Waterhouse Coopers)

由原来的普华国际会计公司(Price Waterhouse)和永道国际会计公司(Coopers & Lybrand)于1998年7月1日合并而成,2008财年的收入为281亿美元,比2007财年增长14%。现全球共有员工155000人。普华永道总部位于英国伦敦。中国大陆、中国香港地区和新加坡总共有460多名合伙人和12000多名员工。

德勤(Deloitte Touche Tohmatsu)

2010年德勤全球的收入为266亿美元,超越普华永道成为全球最大会计师行,在中国拥有员工8000多人。德勤总部位于美国纽约。早在1917年,德勤已认识到中国的商机。在上海成立办事处,成为首家在这个动感及繁荣的大城市开设分支机构的外国会计师事务所。

自1972年,德勤在香港特别行政区拥有了办事机构,这是几次成功并购的结果。在1989年,Deloitte Haskins & Sells International 和在 1975 年与日本的审计公司 Tohmatsu Awoki & Sanwa 联合的 Touche Ross International 合并,形成了 Deloitte Touche Tohmatsu,即德勤全球。Spicer & Oppenheim 于1991年加入了在香港特别行政区和英国的国际网络。1997年,德勤与香港特别行政区最大的华人会计师事务所——关黄陈方会计师事务所合并。

毕马威(Klynveld Peat Marwick Goerdeler)

毕马威(KPMG)是一家网络遍布全球的专业服务机构,专门提供审计、税务和咨询等服务。毕马威在全球150个国家拥有138000名员工。毕马威国际合作组织("毕马威国际")瑞士实体由各地独立成员组成,但各成员在法律上均属分立和不同的个体。现毕马威中国在北京、上海、沈阳、南京、杭州、福州、厦门、青岛、广州、深圳、成都、重庆、天津、佛山、香港特别行政区和澳门特别行政区共设有16家机构〔包括毕马威企业咨询(中国)有限公司〕,专业人员约9000名。

安永(Ernst & Young)

安永会计师事务所的前身是 1903 年成立于美国克利夫兰的 Ernst & Ernst(1979 年后合并为 Ernst & Whinney)会计公司和 1894 年成立于美国纽约的 Arthur Young 会计公司。1989 年,原八大会计事务所之中的 Arthur Young 及 Ernst & Whinney 之间的兼并造就了现在的 Ernst & Young。

安永是全球领先的审计、税务、财务交易和咨询服务机构之一。安永指 Ernst & Young Global Limited 的全球组织,也可指其一家或以上的成员机构,各成员机构都是独立的法人实体。

2. 金融产品

◆ 股票

股票是股份公司发行的所有权凭证,是股份公司为筹集资金而发行给各个股东作为持股凭证并借以取得股息和红利的一种有价证券。每股股票都代表股东对企业拥有一个基本单位的所有权。每只股票背后都有一家上市公司。同时,每家上市公司都会发行股票。

同一类别的每一份股票所代表的公司所有权是相等的。每个股东所拥有的公司所有权份额的大小,取决于其持有的股票数量占公司总股本的比重。

股票是股份公司资本的构成部分,可以转让、买卖或作价抵押,是资本市场的主要长期信用工具,但不能要求公司返还其出资。

○ 阅读

名人炒股趣闻多

股市有风险。美国著名幽默小说大师马克·吐温曾在其短篇小说《傻头傻脑威尔逊的悲剧》中借主人公威尔逊之口说出一句名言:"十月,这是炒股最危险的月份;其他危险的月份有七月、一月、九月、四月、十一月、五月、三月、六月、十二月、八月和二月。"如此说来,月月都是危险月!这不仅仅是马克·吐温的一句幽默之语,其实也诉说了他自己在股市中的切肤之痛。马克·吐温曾经迫于还债压力,进军股市希冀大捞一笔,但结果屡战屡败。与马克·吐温相似,历史上也曾经有过一些名人,他们也如今日股民一般历经股海沉浮,几家欢乐几家愁。

牛顿算不准股市的疯狂

大名鼎鼎的牛顿曾做过疯狂的股民。

1711 年,有着英国政府背景的英国南海公司成立,并发行了最早的一批股票。当时人人都看好南海公司,其股票价格从 1720 年 1 月的每股 128 英镑左右迅速攀升,涨幅惊人。4 月,看到如此利好消息,牛顿就用自己大约 7000 英镑左右的资金毫不犹豫地购买了南海公司的股票。很快,他的股票就涨起来了。仅仅两个月后,比较谨慎的牛顿把这些股票卖掉后,竟然赚了 7000 英镑!

但刚卖掉股票,牛顿就后悔了。因为到了7月,股票价格达到了每股1000英镑。于是,牛顿决定加大投入。然而没过多久,南海股票一落千丈,到了12月最终跌为约124英镑。许多投资人血本无归,牛顿也未及脱身,亏了2万英镑!

这笔钱对于牛顿来说无疑是一笔巨款,牛顿曾做过英格兰皇家造币厂厂长的高薪职位,年薪也不过2000英镑。事后,牛顿慨叹:"我能计算出天体运行的轨迹,却难以预料到人们的疯狂。"

马克思牛刀小试收获颇丰

与牛顿的一掷千金相比,马克思的炒股规模就小得多。

1864年,马克思当时在伦敦做研究工作,经济上一直比较拮据。当年5月,马克思获得600英镑的遗赠。对于马克思来说,朋友的这次遗赠不仅是雪中送炭,还给了他在股市小试牛刀的机会。

当时英国刚颁布《股份公司法》,英国的股份公司又开始飞速发展,股票市场也呈现繁荣景象。有了这笔资金,经济学造诣颇深的马克思便决定投资英国股市,一为休闲,二为体验一下股民生活,赚些生活费用。于是他参考伦敦"金融时报指数"回升的好时机,分批次购买了英国的一些股票证券,之后他耐心等待市场变化。在他认为政治形势和经济态势提供了良好的投资机会,股票价格开始上升一段时间后,就迅速地逐一清仓。通过这一番炒股操作,马克思以600英镑的本金赚取了约400英镑的净利润!对于这段炒股经历,马克思颇感自豪。

凯恩斯实践中出理论

相比马克思的短期炒股小游戏,经济学家凯恩斯的炒股经历则不仅很长,而且还能长期获得良好收益。

凯恩斯在做经济学研究之余也常常进行股票投资,他36岁时的资产只有约1.6万英镑,到62岁逝世时就已达到约41万英镑了。在这些个人资产中,炒股赢利占了很大比重。不过,凯恩斯也不是常胜将军,但是在股海沉浮中的那份坚持让他常常能走出低谷。1928年他以每股1.1英镑的价格买入1万股汽车股票,不久这个股票一度跌至了5先令,但是凯恩斯没有自乱阵脚。他一直等待,到了1930年,股价终于上升到了他的买入价之上。

凯恩斯的特别之处在于他通过自己炒股的经历提出了经济学理论,其中就有著名的"空中楼阁"定理。凯恩斯提到:"股票市场的人们不是根据自己的需要而是根据他人的行为来做出决定的,所以这是空中楼阁。"简言之,在股票市场中,大众的偏好很重要。

丘吉尔初入股市血本无归

凯恩斯炒股炒得很专业,丘吉尔炒股炒得则非常业余。

1929年,刚刚卸去英国财政大臣之职的丘吉尔和几位同伴来到美国,受到了投机大师巴鲁克的盛情款待。巴鲁克是丘吉尔的好友,也是一位能干的金融家,并且还是一名善于把握先机的股票交易商,被人们誉为"投机大师"、"在股市大崩溃前抛出的人"等名号。此番接待丘吉尔,巴鲁克悉心备至,特意陪他参观了纽约股票交易所。在交易所,紧张热烈的气氛深深吸引了丘吉尔。

在丘吉尔看来,炒股就是小事一桩。然而不幸的是,1929年改变世界经济乃至世界政治格局的美国股灾爆发了,丘吉尔回到纽约的时间和华尔街股票市场崩溃的开始时间恰巧重合。结果仅仅在10月24日一天之内,他几乎损失了投入股市的全部资金10万美元。那天晚上,巴鲁克邀请大约50名财界领袖一起吃晚饭,席间他向丘吉尔祝酒时就戏称他为"我们的朋友和前百万富翁"了。

这样的残酷事件让丘吉尔感到炒股绝非儿戏。不过返回英国时,丘吉尔似乎还比较乐观,他认为这场金融灾难尽管对无数人是残忍的,但也仅仅是一个插曲,最终会过去。而且他还曾充满想象力地声称:"在这个年代,成为一个投机商人该是多么奇妙的一种生活啊。"

◆ 基金

基金有广义和狭义之分,从广义上说,基金是指为了某种目的而设立的具有一定数量的资金。主要包括信托投资基金、公积金、保险基金、退休基金和各种基金会的基金。人们平常所说的基金主要是指证券投资基金。

最早的对冲基金是哪一只,这还不确定。在20世纪20年代美国的大牛市时期,这种专门面向富人的投资工具数不胜数。其中最有名的是Benjamin Graham和Jerry Newman创立的Graham-Newman Partnership基金。

2006年,Warren Buffett在一封致美国金融博物馆(Museum of American Finance)杂志的信中宣称,20世纪20年代的Graham-Newman partnership基金是其所知最早的对冲基金,但其他基金也有可能更早出现。

在1969—1970年的经济衰退期和1973—1974年股市崩盘时期,很多早期的基金都损失惨重,纷纷倒闭。20世纪70年代,对冲基金一般专攻一种策略,大部分基金经理都采用做多或做空股票模型。70年代的衰退时期,对冲基金一度乏人问津,直到80年代末期,媒体报道了几只大获成功的基金,它们才重回人们的视野。

90年代的大牛市造就了一批新富阶层,对冲基金遍地开花。交易员和投资者更加关注对冲基金,是因为其强调利益一致的收益分配模式和"跑赢大盘"的投资方法。接下来的十年中,对冲基金的投资策略更加层出不穷,包括信用套利、垃圾债券、固定收益证券、量化投资、多策略投资,等等。

21世纪的前十年,对冲基金再次风靡全球。2008年,全球对冲基金持有的资产总额已达1.93万亿美元。然而,2008年的信贷危机使对冲基金受到重创,价值缩水,加上某些市场流动性受阻,不少对冲基金开始限制投资者赎回。

◆ 债券

债券是一种金融契约,是政府、金融机构、工商企业等直接向社会借债筹措资金时,向投资者发行,同时承诺按一定利率支付利息并按约定条件偿还本金的债权债务凭证。债券的本质是债的证明书,具有法律效力。债券购买者或投资者与发行者之间是一种债权债务关系,债券发行人即债务人,投资者(债券购买者)即债权人。

(1) 政府债券。

政府债券是政府为筹集资金而发行的债券。主要包括国债、地方政府债券等,其中最主要的是国债。国债因其信誉好、利率优、风险小而又被称为"金边债券"。除了政府部门直接发行的债券外,有些国家把政府担保的债券也划归为政府债券体系,称为政府保证债券。这种债券由一些与政府有直接关系的公司或金融机构发行,并由政府提供担保。

(2) 金融债券。

金融债券是由银行和非银行金融机构发行的债券。在我国,金融债券主要由国家开发银行、进出口银行等政策性银行发行。金融机构一般有雄厚的资金实力,信用度较高,因此金融债券往往有良好的信誉。

(3) 公司(企业)债券。

在国外,没有企业债券和公司债券的划分,统称为公司债券。在我国,企业债券是按照《企业债券管理条例》规定发行与交易、由国家发展与改革委员会监督管理的债券,在实际中,其发债主体为中央政府部门所属机构、国有独资企业或国有控股企业,因此,它在很大程度上体现了政府信用。公司债券管理机构为中国证券监督管理委员会,发债主体为按照《中华人民共和国公司法》设立的公司法人,在实践中,其发行主体为上市公司,其信用保障是发债公司的资产质量、经营状况、盈利水平和持续赢利能力等。公司债券在证券登记结算公司统一登记托管,可申请在证券交易所上市交易,其信用风险一般高于企业债券。

◆ 银行卡

银行卡是由商业银行等金融机构及邮政储汇机构向社会发行的具有消费信用、转账结算、存取现金等全部或部分功能的信用支付工具。银行卡包括信用卡和借记卡两种。因为各种银行卡都是塑料制成的,又用于存取款和转账支付,所以又称之为"塑料货币"。银行卡的大小一般为85.60×53.98mm(3.370×2.125英寸),也有比普通卡小43%的迷你卡和形状不规则的异型卡。

借记卡可以在网络或POS消费或者通过ATM转账和提款,不能透支,卡内的金额按活期存款计付利息。消费或提款时资金直接从储蓄账户划出。借记卡在使用时一般需要密码(PIN)。借记卡按等级可以分为普通卡、金卡和白金卡;按使用范围可以分为国内卡和国际卡。

信用卡又分为贷记卡和准贷记卡。贷记卡是指发卡银行给予持卡人一定的信用额度,持卡人可在信用额度内先消

> 夏天,一个可爱的老爷爷步入了某行营业大厅。老爷爷办了一张储蓄卡,柜员让其输入取款密码。一次深刻而有意思的对话在两个人之间展开了:"密码是不是就是暗号啊?";"是的。";老爷爷对着密码输入器说了一声"苹果!";柜员没反应过来,就强调了一下:"密码是六位数的。"老爷爷对着密码输入器连说了六个字"苹果苹果苹果!"

费、后还款的信用卡。准贷记卡是指持卡人先按银行要求交存一定金额的备用金,当备用金不足支付时,可在发卡银行规定的信用额度内透支的信用卡。

3. 企事业单位相关证照、印鉴

◆ 营业执照

营业执照是企业或组织合法经营权的凭证。营业执照的登记事项为：名称、地址、负责人、资金数额、经济成分、经营范围、经营方式、从业人数、经营期限等。营业执照分正本和副本，二者具有相同的法律效力。正本应当置于公司住所或营业场所的醒目位置，营业执照不得伪造、涂改、出租、出借、转让。

◆ 税务登记证

税务登记证，是从事生产、经营的纳税人向生产、经营地或者纳税义务发生地的主管税务机关申报办理税务登记时，所颁发的登记凭证。除按照规定不需要发给税务登记证件的外，纳税人办理开立银行账户、申请减税、免税、退税等事项时，必须持税务登记证件。纳税人应将税务登记证件正本在其生产、经营场所或者办公场所公开悬挂，接受税务机关检查。

◆ 组织机构代码证

组织机构代码证——社会经济活动中的通行证。代码是"组织机构代码"的简称。组织机构代码是对中华人民共和国内依法注册、依法登记的机关、企、事业单位、社会团体和民办非企业单位颁发一个在全国范围内唯一的、始终不变的代码标识。

建立代码统一标识制度的意义：对单位法人实行组织机构代码和自然人实行社会保障号码制度，是国家整个经济和社会实现现代化管理的基本制度，尽快建立这一制度对建立社会主义市场经济体制和推动社会进步具有十分重要的意义，且具有紧迫性。全国组织机构代码管理中心（国家质检总局下设单位）负责此项工

作,为了规范和加强组织机构代码管理工作,充分发挥组织机构代码在促进经济和社会发展中的作用,国家质检总局发布了110号总局令《组织机构代码管理办法》。

○ 阅读

苏州园区在全市独家试点"三证合一"
深化"亲商服务"　简化企业"身份"认证审批

12月29日下午,苏州源力达机电科技有限公司负责人盛飚来到苏州工业园区一站式服务中心领取上星期申请的营业执照,却意外地领到了由苏州市委常委、园区工委书记王翔向他颁发的全市首张"三证合一"营业执照。"三证合一"是将开办企业需要的营业执照、组织机构代码证及税务登记证"集成"为一张,企业只需向联办窗口提供一张申请表格,便可在5~6个工作日内拿到印有三个号的一张证。园区一站式服务中心作为苏州市唯一一家试点单位,再度深化着"亲商服务"的内涵。

所谓"三证",是指企业营业执照、组织机构代码证及税务登记证,涉及工商、质监、税务多个部门。"原先申请这三张证,企业必须跑三个部门、提供三次申请,不仅费时费力,许多材料还都是重复提交。"拿到首张"三证合一"营业执照的盛飚掩饰不住内心的喜悦:"我上周过来的时候,工作人员告诉我说现在只需要提交一份表格就可以完成三证的申请,真是方便多了。没想到今天我还成了第一个受益的人,太有意义了。"

园区"三证合一"试点依托江苏省企业注册登记并联审批平台,按照"一表申请、一窗收件、并联审批、核发一照"的模式,将营业执照、组织机构代码证和税务登记证由工商、质监、国税、地税分别办理、各自发证(照),变为由申请人一表申请,政务服务中心综合窗口统一收件,工商、质监、国税、地税数据共享、并联审批、限时办结、核发一照。

4. 会计用品

◆ 原始凭证

原始凭证是在经济业务发生时取得或填制的,用以证明经济业务的发生或完成情况的书面证明,它是会计核算的原始依据。

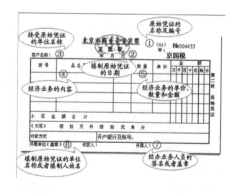
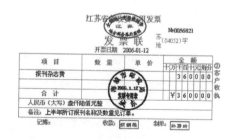

◆ 记账凭证

记账是会计人员根据审核无误的原始凭证按照经济业务事项的内容加以归类,并据以确定会计分录后所填制的会计凭证。

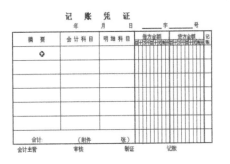

◆ 账簿

账簿是由具有一定格式而又互相联系的账页所组成,用以全面、系统、连续记录各项经济业务的簿籍,是编制财务报表的依据,也是保存会计资料的重要工具。

◆ 会计报表

会计报表是一套会计文件,它反映一家企业过去一个财政时间段(主要是季度或年度)的财政表现及期末状况。它以量化的财务数字分目表达。财务报表能帮助投资者和债权人了解企业的经营状况,进一步帮助经济决策。财务报表是在一般公认会计原则下有选择性地报告财务状况,是现实经济状况的近似描述。主要包括:资产负债表、利润表、现金流量表、所有者权益变动表、附注。

初学会计的你对很多的专业名词可能会记不住、记不全,没关系,也别紧张,俗话说"熟能生巧",多看、多练、多记,自然就能运用正确。

○ 讨论题

请把你不理解的会计名词写下来并尝试查找资料解读它们

第五节 会计岗位

导 读

小张在给自己制定职业生涯规划的时候,想给自己一个明确的岗位定向,她知道,会计的工作是要进行轮岗的,那自己能从事的会计岗位有哪些呢?通过亲戚的帮助,小张来到一家企业的财务部进行学习,小张觉得财务部很神秘,手都不知道该往哪儿放好了,觉得哪里都是金晃晃的钱。经理看出了小张的紧张,安慰他说:"你们刚开始做出纳、会计摸不着头也很正常,不要急,沉下心来,先对工作岗位有一个基本的认识,再具体深入地了解。"现在我们就跟着经理来认识下会计的各个岗位,了解下他们各自的内容。

会计工作岗位一般分为:总会计师(或行使总会计师职权)岗位;会计机构负责人(会计主管人员)岗位;出纳岗位;稽核岗位;成本费用核算岗位;往来结算岗位;工资核算岗位;财产物资核算岗位;总账岗位;对外财务会计报告编制岗位;会计电算化岗位;会计机构内的会计档案管理岗位等。

会计工作岗位可以一人一岗、一人多岗或者一岗多人。但出纳人员不得兼管稽核、会计档案保管和收入、费用、债权债务账目的登记工作。在会计机构内部设置会计工作岗位,有利于明确分工和确定岗位职责,建立岗位责任制;有利于会计人员钻研业务,提高工作效率和质量;有利于会计工作的程序化和规范化,加强会计基础工作;还有利于强化会计管理职能。

1. 会计岗位

◆ 总会计师岗位

岗位职责:

(1)认真贯彻执行国家的方针政策、法规和制度,严格维护财经纪律,保证完成各项上交任务。

(2)参与制定公司的生产经营方针和策略,参与制定公司的发展规划,参与讨论审批年度综合计划。

(3)参与制定公司的经济责任制,负责组织建立和健全公司的经济核算办法及财务会计制度。

(4)负责组织审查重要的经济合同。

（5）负责组织产品价格的制定和申报工作。

（6）组织公司开展财务成果预测,参与公司重大项目的可行性研究,以便为公司提供可靠的资料和可行性建议。

（7）审查和签署公司的财务成本计划、银行信贷计划和会计报表。

（8）组织开展公司的全面经济核算和定期召开经济活动分析会议。

（9）与总工程师、总经济师配合,组织推广现代管理方法,提高公司的现代化管理水平。

（10）指导制定财会人员的业务培训规划,组织财会人员的考核,研究财会人员的使用,维护财会人员正当权益。

任职条件：

《总会计师条例》的规定,担任总会计师,应当具备以下条件:一是坚持社会主义方向,积极为社会主义市场经济建设和改革开放服务;二是坚持原则、廉洁奉公;三是取得会计师专业技术资格后,主管一个单位或者单位内部一个重要方面的财务会计工作的时间不少于3年;四是要有较高的理论政策水平,熟悉国家财经法律、法规、方针和政策,掌握现代化管理的有关知识;五是具备本行业的基本业务知识,熟悉行业情况,有较强的组织领导能力;六是身体健康,胜任本职工作。

○ 阅读

想当财务总监应会做的十件事

每一个有进取心的会计从业人员都想尽快当上财务总监,成为企业的管理层。那么财务总监在企业中到底应该会做哪些事情呢?

第一件事:审核财务报告。能够通过审核财务报告来监管企业会计核算,监管经营过程中执行各项制度、政策的情况。

第二件事:企业经营活动分析。能够通过对企业经营活动过程各方面的了解,结合企业财务对经营活动情况进行综合分析,写出比较系统、让其他管理者都读得懂的分析报告,为企业最高决策者提供相关财务信息。

第三件事:组织企业财务预算的编制、日常检查等工作。预算编制只是财务管理的初始,关键在于执行,真正做到事前有规划,事中有管理,事后有分析。

第四件事:组织企业成本管理,压缩企业成本。在激烈的市场竞争中,成本在很大程度上决定了企业盈利水平,成本控制自然也是企业财务总监工作的重点之一。

第五件事:制定和执行企业财务制度。通过对企业内部财务制度的制定、贯彻执行,组织好对国家财务、税收等相关法规的执行,在吃透制度的基础上,提升企业的财务管理水平。

第六件事:调配企业营运资金。如何合理调配企业营运资金,保证企业血液顺畅流动是一项重要工作。

第七件事:为企业生产与发展融资。绝大多数企业需要通过资本市场、金融市场等渠道去筹措企业经营所需要的资金,这是财务总监的重要工作之一。

第八件事：企业纳税筹划。通过纳税筹划，在遵守法规基础上，合理调节和降低企业税赋。

第九件事：参与企业投资决策。积极参与企业投资决策，组织对投资承受力分析、投资经济效益分析，并要协助筹措投资所需要的资金。

第十件事：协调各方面财务关系。除采购、生产、经营等内部部门外，财务工作与企业外部联系的部门也很多，如客户、工商、税务、财政、海关、银行等，协调各方面关系是财务总监重要工作内容之一。

◆ 会计机构负责人（会计主管人员）岗位

岗位职责：

（1）掌握国家颁布的财经法律、法规、政策、条例和上级有关主管部门制定的财会制度、规定及管理办法，结合本单位的实际，组织制定其内部的财会规章制度，并负责贯彻实施。

（2）组织建立会计人员岗位责任制，负责对会计人员的考核。

（3）组织编制单位的财务成本、经费预算计划，检查督促财务成本、经费预算计划的落实，并对经费预算执行情况进行分析。

（4）组织财会人员做好会计核算工作，充分发挥会计工作的核算和监督作用，审查对外提供的会计资料。

（5）按时足额完成各项上交任务，不挤占、挪用、拖欠、截留应交收入。

（6）审查或参与拟定经济合同、协议及其他经济文件。

（7）实施对下属单位财务收支的审计工作。

（8）负责加强会计档案的管理工作和会计人员工作变动的监交工作。

（9）组织财会人员各种学习、培训工作，不断提高财会人员的素质和财务管理水平。

> **会计机构负责人与总会计师的区别**
>
> 1. 企业设置财务处（科）、财务部等，其科（处长）及部长为会计机构负责人，具体负责企业的财务核算工作。
>
> 2. 而总会计师是企业的行政领导，相当于企业的副总经理，领导会计机构负责人和企业的会计核算、监督工作。

（10）承办总会计师交办的其他工作。

◆ 出纳岗位

岗位职责：

（1）在国家规定的现金开支范围内使用现金：包括支付给职工的工资、奖金、津贴，支付给个人的劳动报酬，各种劳保、福利费以及国家规定的对个人的其他支出，结算起点以下的零星支出，银行所规定的支付现金的其他支出。

（2）严格遵守核定的库存现金限额，超过核定的限额，必须存入银行，不得自行保留。

（3）按照规定，收入现金必须开给交款人正式收据。从银行提取现金，应写明用途，有财务负责人签字盖章，支付现金应取得合法的原始凭证。

（4）对原始凭证进行审核，包括凭证的名称、填制凭证的日期、经办人员签名或盖章，经济业务内容和金额等，原始凭证不得涂改，发现原始凭证有错误的，应当由开出单位重开或更正;对不真实、不合法的原始凭证不予受理;对弄虚作假、严重违法的原始凭证不予受理,同时应及时向单位领导报告。

(5) 及时办理现金收支业务,单独设立现金日记账。出纳人员应每天核对现金库存,做到日清月结,不得作假,不准白条抵库,每天编制日记账输入电脑,保证账款相符。

(6) 办理银行存款的收付业务,逐笔顺序登记银行存款日记账。月度终了时,银行存款日记账余额要与银行对账单相符。如有未达账项,应编制"银行存款余额调节表"。

(7) 不准签发空头支票和远期支票,不准出租、出借银行账户,不准公款私存。遵守银行结算制度和现金管理制度,接受银行和上级单位的监督。

(8) 出纳员开出的收据,必须在账上反映或在收据存根表上登记入账的凭证号。

(9) 严格保守保险柜的秘密,保管好钥匙。各种有价证券应登记造册,要确保安全无缺,如有短缺,负责赔偿。

(10) 因故调动或离职应办好移交手续,并由财务经理及总经理负责监交。

出纳岗位流程图:

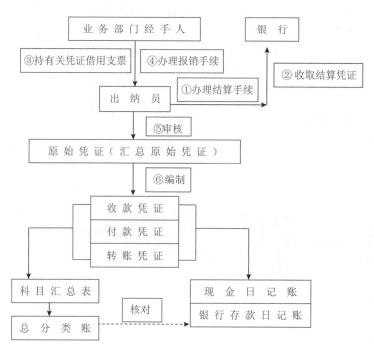

能力要求:

(1) 能手工及机器点钞,鉴别真假币。

(2) 能规范书写会计数字、日期。

(3) 能保管、辨别、准确填写银行结算票据。

(4) 能填制和审核原始凭证。

(5) 能正确使用保险箱,保管好现金、有关印章与空白票据。

(6) 能规范支票的领用及签发。

(7) 能办理现金收支结算业务,程序清楚、全面;能办理银行转账结算业务。

(8) 能填制记账凭证和准确登记日记账。
(9) 能按照规定进行账实核对,能及时发现和处理货币资金结算中的差错。

○ 阅读

从出纳到会计的曲线突围

"我不想做出纳,只做会计。"近日,某财经大学会计系的一名应届毕业生在一场招聘会上说。他身旁的几位同系同学也随声附和。尽管在目前形势下,没有太多工作经验的应届毕业生找工作并不容易,但这几位同学还是选择放弃应聘企业出纳一职。在外行人眼里,出纳和会计是两个相差不大的职业,"都是财务工作"是大多数人的想法。日前,我们随机采访了10多位会计系应届毕业生,在他们眼中,这两者的差异可不小。

在采访过程中,记者听到这群"80后"高校毕业生说得最多的就是"我是会计系毕业生",而且重音都放在"会计系"这3个字上,仿佛这样一来就可以将出纳与会计区分得清清楚楚。

中央财经大学的高冉不愿意做出纳的想法由来已久,从读大学的第一天起他就想好了,毕业后到企业做会计,在岗位上考CPA(注册会计师)等一系列证书。至于为什么如此排斥出纳这个职业,他说:"说不清,但就是觉得这个职业听起来就不洋气,无非就是个'资金中转站',又不做账,丝毫没有技术含量可言。"旁边另一个男孩打断他说:"洋气不洋气倒是其次,关键是男孩子做出纳不是很难为情吗? 会变得婆婆妈妈的。"陆雨是女孩子,同样不愿意做出纳,她的理由比起高冉的"不洋气"要理智一些。她认为,出纳工作每天是重复的。这种看法来自于她大学三年级时在一家亲戚办的中型企业里做出纳的实习经历。在5个月的实习中,陆雨发现出纳要做的事情特别繁杂,"就拿采购来说,有一天带我的出纳不在,单是核对采购订单业务就能让我忙得像打仗一样,收货部、质量部,这个单要改,那个单要调。可到下班时你却想不起这一天具体忙了些什么,第二天还是一样。"陆雨说。颇有经验的她还纠正了高冉的一个错误:"出纳也有负责记账的,比如现金日记账和银行日记账就是出纳做的,再由会计复核。"而李梅拒绝做出纳的理由在即将走上工作岗位的这批"80后"会计专业毕业生中比较典型:"我去过一家公司面试出纳,彼此都还满意,但后来用人单位要求我提供担保人与担保书,我没提供,也就没去上班。"虽然后来李梅得知不少企业都有这样的要求,但她仍然认为企业应该用人不疑、疑人不用,此类要求不仅不合法,而且含有对应聘者的人格侮辱。

拿出纳当跳板?

秦凯2007年从黑龙江大学会计系毕业,在继续读书与就业之间,他选择了后者,经亲戚介绍到其朋友的企业做出纳。与之前的被采访者不同,秦凯并不排斥出纳这个职业。

毕业时,一位师兄给秦凯的建议是:"出纳是很重要的一项会计基础工作,可不要小看它。虽然这项工作难度不是太大,但要做好也不容易,特别是现在各种结算方式很多,其中的奥妙也不少,但是,出纳工作不能长期做。"现在,秦凯开始寻找成为会计的途径。目前他所在企业的几位会计一直做得很好,他没有什么机会晋升,于是有了跳槽的打算,但却遇到了难题。

"做了1年多的出纳,也知道报税的程序,公司的凭证、账本、报表也都看得懂,但就是不知该怎么做会计,主要是没有了做会计的自信。"秦凯表示,现在明白了当初师兄为什么提醒他不要长期做出纳,也理解了现在的应届毕业生们为什么抗拒做出纳。

与秦凯的境遇差不多,从江苏某所会计专科学校毕业后,小桃做了两年多的出纳。由于细心严谨,她颇让领导放心与赏识,但工资水平却一直没有得到提升。"出纳的工资普遍偏低,我每月的税后工资才1100元,根本攒不下多少钱。"小桃不甘于此,于是偷偷向单位的会计大姐学习,准备朝会计方向发展。

"至少也要先考个会计上岗证。"小桃暗自想。尽管会计大姐教她时有所保留,但因为有会计专业基础,小桃在自己平日的自学、观察与摸索下总结出了会计工作的规律和一些技巧,正在为考会计上岗证准备。

离会计有多远

在江西某所会计高等职业专科学校任教的蔡莹老师认为,应届毕业生不愿意做出纳,是由于缺少工作经验、阅历以及社会的打磨,在对出纳工作缺乏了解的情况下就否定了它。

已成为江苏仁禾中衡会计师事务所审计师的徐征,走的就是一条先从出纳到记账会计,再到主管会计和CPA的路。1994年,她开始在一家国企任出纳。当时,徐征认为,出纳地位较低,主要就是管理现金、跑跑银行,工作比较琐碎,不需要太高的文化程度。后来发生的一件事改变了徐征对出纳的看法。因为实战经验不多,徐征填写各类单子时常常不规范。有一次,她拿着支票去银行办理转账,柜面上的会计对她说:"支票填得不对。""第一,支票上的金额前应加一个'零',表示前面没有数字了;第二,章要盖得缺一点角,这样支票填后就不能再用了。以后有什么不懂的地方,我教你吧!"徐征当时听了很感动,并深刻地体会到了出纳和会计最原始的共同点:细心。"我转变了出纳地位低的看法,觉得自己在出纳的位置上能把细心这一本事练好就算是最大的收获。"徐征说。在自认为将出纳工作做熟后,徐征有了转做会计的想法。凭借着自己业余时间学习、工作时主动帮主管会计做事积累的经验,徐征在一家私企找到了一份会计工作。后来,他还通过继续学习成为一名CPA。对于目前希望从出纳转为会计的同行,作为"过来人"的徐征认为,如果公司能给机会最好,如果不给机会,那就要靠自己在日常工作中留心,一点一滴地学。除了看书还要多看凭证、账本和报表,再结合理论将其研究透,而且还需要通过自学考试,在成为会计前先具备会计的资格与能力。"先做出纳对会计人其实是一种很好的磨炼!"这是同样从出纳做到CPA的汪宁对刚毕业学生的建议。"当然,如果刚毕业时能够直接从会计做起,可能更有利于职业技能的提高。但如果没有这样的机会又没有其他选择,不妨先做做出纳。基础永远最重要。"她补充道。

根据《会计法》的规定,出纳人员不得兼任稽核、会计档案保管和收入、支出、费用、债权债务账目的登记工作。

这是会计机构内部建立牵制制度的需要,如果出纳人员既管理钱款,又保管会计档案,容

> 出纳,就是管钱的家伙,这家伙成天对着公司的现金、支票等各种票做保管,这个家伙一般不能管账,因为管账的话就会有老鼠的产生。

易在钱款上做了手脚之后再利用管理会计档案的机会修改档案内容而掩盖自己的行为，所以予以禁止；还有单位的收入、支出、费用、债权债务账目的登记工作，是一个单位会计核算的基础，也是发生现金往来的根据，由出纳人员兼任，很容易在收入、支出、费用、债权债务账目的登记时做假，所以予以禁止。

出纳犯罪案例

近年来，单位出纳员犯罪较为突出，特别是国家机关、国有企业、事业单位的出纳员贪污（侵占）、挪用公款犯罪尤为突出，小小出纳员侵吞巨额资金的案例屡见报端，且出纳员多与会计员、单位领导共同作案，造成了极为恶劣的社会影响。据调查，三峡库区某检察院2005年以来，共查处财务人员犯罪26人，其中出纳员14人，财务人员占查处犯罪总人数的20.63%，而出纳员竟占财务人员犯罪人数的53.85%。其犯罪的主要诱因是：

（1）由"赌"所害。出纳员大都直接掌握单位的大量现金却无权支配。在他们眼里，权钱交易、权力似乎与己无缘，只是那些大权在握的"领导"的专利。在物欲横流、"黄赌毒"盛行的某些地区，他们难免会手痒心动，不知不觉涉足其中。据统计，因涉足"黄赌毒"而侵吞公款的占出纳人员犯罪人数80%，特别是因沾上赌博而陷入犯罪泥潭的举不胜举。如某区武陵镇财政所出纳员黄某某（25岁），就是在与朋友们赌

博输掉自己的积蓄后，竟将黑手伸向该镇移民户的补偿款35万余元，用现金支票套出装进自己腰包，全部用于打麻将、赌彩球，还包养情人，案发后携巨款与情人逃往北京躲藏，最终还是未能逃脱法网，把自己关进阴冷铁窗12年。该区烟草公司桥亭经营站货款出纳员邓某（19岁），因沉迷于赌彩球仅一个月时间，就挪用公款19万元，将自己的最美好的青春白白输掉。

（2）为"潮"所惑。面对汹涌的经济大潮和社会上流行的时尚风潮，炒股或买彩票一夜暴富不乏其人，出纳员面对手中的大叠钞票，当然也难抵挡"暴富"的诱惑。用公款买彩票，借鸡下蛋，有钱可赚，何乐而不为？然而一旦涉足则往往亏多赢少，且越陷越深，于是便把黑手伸向单位公款。某区建委计划财务科科长张某某（42岁）痴迷于彩票中奖，他利用掌管财务大权之机，先后挪用公款102万元，用于购买体育彩票和福利彩票，仅中奖赢利6213元，实在是得不偿失，最终把自己送进了监狱。该区委党校会计林某（42岁）、出纳张某某（34岁）二人采取虚列支出、重复列支等非法手段，先后作案达600余次，共同贪污公款72.66万元，两人私分后多用于购买高档名牌时装、首饰和洗面美容及住房装潢等，曾有人戏称林、张二人是"引领万州时装新潮流"的人物。他们二人也分别为"潮"而付出八年和十年铁窗的惨痛代价。

（3）被"情"所困。出纳员多为女性，其心软情柔往往被其恋人或亲属所利用，在感情和法律的天平上，往往将砝码押在感情一边，最终堕入"情人陷阱"不能自拔。某销售公司重庆办事处出纳员鲁某（29岁）为帮助朋友做生意，竟不惜挪用公款18万元而触法，

最后为友情而丢掉了"饭碗"。某区武陵镇移民办出纳员汪某(31岁)因丈夫做生意缺钱，竟铤而走险，将挪用的公款21万元给丈夫归还赌债和生意借款，从而深陷泥潭，不能自拔，换来七年铁窗泪。某区公路局、区公路养护段出纳吴某(38岁)，因帮助两任前夫购买私人轿车、做服装生意、炒股以及购买黄金期货等，采取自行开具现金支票和转账支票等手段，在不到一年时间内就套取单位公款403万余元，仅用于某一前夫的个人花销就达100余万元。

(4)因"管"失控。出纳员对本单位财务管理现状最知底，哪些环节有漏洞，他们就会见缝就钻，见洞就挖，寻机作案。有些单位领导不带头遵守财务制度，图自己用钱方便，私下乱开支，乱提现金，会计与出纳长期不对账，不按期进行审计监督，财务人员与领导合伙损公肥私后领导不敢或不能监督等等，这必然会提供滋生犯罪的土壤和气候，给不法出纳员以可乘之机。如某区委党校原会计林某、出纳张某某二人搞钱的"办法"，就是"我在记账凭证上虚增支出做平账目，你就把套出的公款拿来平分"，致使财务制度上设计的"会计出纳分设"的监督制约机制顷刻瓦解，而单位领导长期疏于管理和审计监督流于形式等，是助推小出纳铤而走险的重要原因。重庆三峡电力集团供电公司女出纳员向某擅自动用自己保管的单位资金22万元参赌后，害怕对账查出，私自从集团公司的"小金库"中取出5万元填补差款，当尝到"甜头"后认为，"小金库"的管理有空子可钻，遂产生侵吞"小金库"70万元的念头。向某以3万元报酬邀请丈夫的战友许某先后从8个储蓄所取出40万元，再交由丈夫存入银行和填补挪用款，后因案发夫妻双双被判处有期徒刑。上述事例中小小出纳敢吞巨款，皆因单位管理不严、监督失控而诱发犯罪，形成吞金"黑洞"。

◆ 稽核岗位

岗位职责：

(1)在稽核主管的领导下，做好原始凭证、记账凭证及报表的稽核工作。

(2)从合法性、真实性、手续是否完备等方面对原始凭证进行认真复核。

(3)复核记账凭证是否真实地反映了原始凭证的内容，会计科目及金额、记账是否正确。

(4)复核账簿登记是否符合规定，内容是否与原始凭证、记账凭证相符。

(5)对各项财务收支进行稽核，审核其是否符合财务收支计划，对严重超计划者要审核其合理性。

(6)从数字衔接性方面定期对财务报表进行稽核。

(7)对稽核中发现的问题，要及时汇报主管采取措施进行解决，妥善处理。

(8)在已稽核的会计资料上盖章，并随时做好稽核记录。

◆ 成本费用核算岗位

岗位职责：

(1)审核公司各项成本的支出，进行成本核算、费用管理、成本分析，并定期编制成本分析报表。

(2)每月末进行费用分配，及时与生产、销售部门核对在产品、产成品并将差异原因上报。

(3) 进行有关成本管理工作,主要做好成本的核算和控制。负责成本的汇总决算工作。

(4) 协助各部门进行成本经济核算,并分解下达成本、费用、计划指标。

(5) 评估成本方案,及时改进成本核算方法。

(6) 保管好成本、计算资料并按月装订,定期归档。

(7) 负责搜索、整理工程的费用资料,建立完善的费用档案系统和数据库。

(8) 组织编制与实现公司的财务收支计划、信贷计划与成本费用计划。

能力要求:

(1) 协助做好成本计算的基础性工作,熟悉产品生产和成本核算的整个流程,健全成本计算的原始记录。

(2) 能根据原始凭证、记账凭证登记成本、费用明细账。

(3) 能结合企业实情采用合理的方法计算产品成本。

(4) 能编制成本计算表(单)。

(5) 会编制成本费用分析表,发现问题,找出控制成本费用的方法,提出合理建议。

工作流程图:

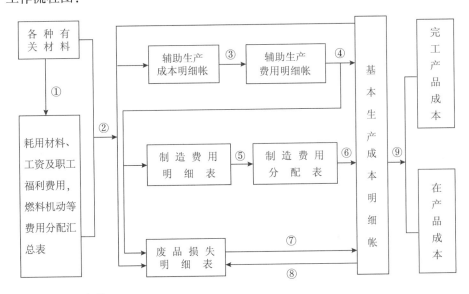

◆ 往来结算岗位

岗位职责:

(1) 管理客户档案,进行应收款账龄分析。

(2) 执行往来款项结算手续制度;严格清算手续,及时清算。

(3) 办理往来款项的结算业务;及时催收结算应收、暂付款项;抓紧清偿应付、应收款项查明无法收回或支付往来款原因,报请处理。对预借款及时办理报销手续,收回余额。

(4) 负责往来款项结算的明细核算。对各种应收、应付、暂收暂付、备用金等设置明细账,定期进行往来核对,配合相关部门进行呆账催收。

(5) 负责销售合同、订单等资料的整理工作。

能力要求:

(1)据销售客户档案建立客户财务信息档案,编制应收账款账龄分析报告,对客户的信用进行评估。

(2)根据各往来款项的明细账户余额,定期编制往来款项对账单,并将该表函寄客户或上门拜访进行核对。

(3)将销售合同、订单等资料分门别类进行整理,方便查找使用。

往来结算岗位流程图:

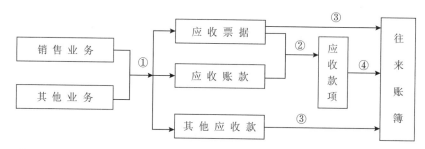

◆ 工资核算岗位

岗位职责:

(1)审核考勤、产量记录等工资核算原始资料。

(2)计算职工薪酬并报经主管审核。

(3)职工薪酬的发放。

(4)核算个人所得税,负责代扣、代垫款项的扣除及交纳。

(5)职工薪酬的总分类核算。

(6)职工薪酬的明细核算。

(7)整理、装订薪酬核算的原始资料。

(8)对职工薪酬计算、发放、使用的合理性提出建议。

(9)每月月底按时分摊各部门预付、递延费用以及各项预提费用。

能力要求:

(1)知道国家、企业职工薪酬的政策,明确职工薪酬的构成。

(2)了解职工的范围。

(3)掌握职工薪酬的计算和发放的业务程序。

(4)正确计算代扣、代垫款项,并做好沟通与协调。

(5)掌握个人所得税的计算和交纳。

(6)掌握非货币薪酬的确认与计量。

(7)掌握职工薪酬相关业务的核算。

工资核算岗位流程:

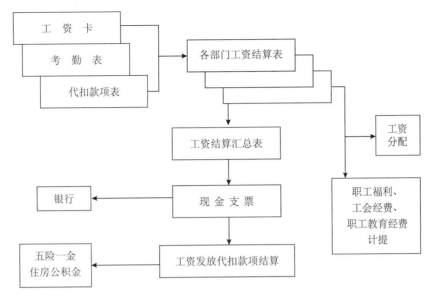

◆ 财产物资核算岗位

岗位职责：

（1）协助制定材料、产成品等存货目录及编码。

（2）参与制订材料消耗定额和目标成本定额标准。

（3）审查、汇编材料采购用款计划。

（4）审核存货收入（采购、入库）、发出（领用、消耗、发出）的原始凭证，填制记账凭证，交会计复核。

（5）登记存货明细账，进行存货明细核算。

（6）进行存货清查及账务处理。

（7）固定资产的计价，会同有关部门建立固定资产卡片。

（8）计提固定资产折旧。

（9）控制固定资产修理费用。

（10）负责固定资产取得、减少、计提折旧、处置、盘点等会计核算工作。

（11）参与固定资产投资项目的审定，参与固定资产清查、盘点，配合办理固定资产投资、转让、盘亏、报废等手续。

（12）协助有关部门确定固定资产更新改造及添置设备。

能力要求：

（1）熟悉企业各类存货，健全存货核算的二、三级科目，指导仓库保管员正确使用存货的计价方法，做好存货分类、分库统计工作。

（2）能按规定的程序对存货的收、发业务进行管理和控制。

（3）能按核算要求审核存货收发原始凭证，并填制记账凭证。

（4）能设置并平行登记存货总账和相应的明细账，并在期末进行账账核对。

（5）能独立或在有关部门的协助下进行存货清查，编制存货盘存报告。

（6）能发现企业存货管理中存在的问题，提出建议，堵塞存货管理漏洞。

(7) 能按照规定建立固定资产明细账或台账、固定资产卡片,保证账卡相符。

(8) 做好分类,选择恰当方法计提折旧。

(9) 能把握固定资产增加和减少的程序,正确进行会计核算。

(10) 能运用固定资产盘点方法,协同有关部门进行固定资产清查,正确编制固定资产盘点报告表。

(11) 能按照企业管理规定对固定资产使用效率进行分析,找出问题,提出合理化建议。

工业企业存货核算流程图:

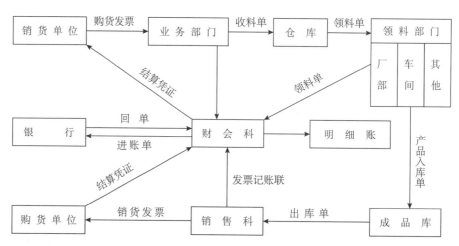

◆ 总账岗位

岗位职责:

(1) 根据审核无误的会计凭证填制记账凭证。

(2) 根据审核无误的记账凭证及时登记总账、定期结账、打印总账科目余额表,年度终了打印总账并装订成册,按规定填写账簿封面,送交会计档案管理人员归档。

(3) 根据登记完整、核对无误的会计账簿和其他有关资料编制本单位会计报表及预决算会计报表,做到数字真实、计算准确、内容完整、说明清楚;保证会计报表之间及会计报表各项目之间、本期会计报表与上期之间数字相互衔接,保证账表相符,表表相符,与各明细账余额是否相符,账簿登记错误是否按规定更正。

(4) 审核有关会计人员编制的财务报告是否符合《企业会计准则》的规定和要求,报表是否齐全,报表中的数字是否真实,项目是否齐全,内容是否完整,表内关系、表与表之间钩稽关系是否正确,财务情况说明书是否全面详细,报表封面签章是否齐全。

(5) 稽核人员应对审核签字的会计凭证、会计账簿、财务报告负责。

(6) 负责完成单位领导及部门领导安排的其他事宜。

能力要求:

(1) 能对会计凭证、账簿、报表进行稽核。

(2) 能登记总账。

(3) 能编制小中企业的会计报表。

(4) 能正确解读和分析常用财务信息，编写分析报告。

(5) 能依据内控制度组织会计监督。

◆ 对外财务会计报告编制岗位

岗位职责：

(1) 根据审核无误的会计凭证填制记账凭证。

(2) 根据审核无误的记账凭证及时登记总账，定期结账、打印总账科目余额表，年度终了打印总账并装订成册，按规定填写账簿封面，送交会计档案管理人员归档。

(3) 根据登记完整、核对无误的会计账簿和其他有关资料编制本单位会计报表及预决算会计报表，做到数字真实、计算准确、内容完整、说明清楚；保证会计报表之间及会计报表各项目之间、本期会计报表与上期之间数字相互衔接，保证账表相符、表表相符。

(4) 按照会计制度规定，认真编写会计报表附注及财务情况说明书，做到内容完整，说明清楚，有分析，有建议。

(5) 年度终了，及时审核中心上报年度会计报表，发现问题及时纠正。

(6) 负责完成单位领导及部门领导安排的其他事宜。

◆ 会计电算化岗位

会计电算化岗位又可以细分为系统管理员岗位、系统维护员岗位、数据审核员岗位和系统操作员岗位，每个岗位都有自己不同的岗位职责：

系统管理员岗位：

(1) 负责会计电算化信息系统运行环境的建立，组织协调与管理系统的日常工作，设置系统维护员、数据审核员、系统操作员的工作权限。

(2) 检查计算机运行情况，监督日常工作和上机日志。

(3) 检查、监督数据的输入、处理和会计信息的输出。

(4) 检查、监督会计档案的管理。

(5) 负责系统及系统数据、档案的安全保密工作。

系统维护员岗位：

(1) 负责对会计电算化硬件和软件的维护工作；协助系统管理员及时排除故障，确保系统正常运行。

(2) 定期检查软硬件的运行情况，防止非法调用和操作。

(3) 经常对计算机和软（光）盘进行病毒检测，清除计算机病毒对系统的干扰和破坏。

数据审核员岗位：

根据财务制度和国家的财经方针、政策，检查输入计算机的记账凭证的会计分录、科目编码、会计事项、数量、金额是否准确，查询、审核输出的会计凭证和各种账表。

系统操作员岗位：

(1) 按照岗位分工，负责所分管工作有关原始凭证的汇集整理。

(2) 根据会计制度和经济业务输入、填制记账凭证。

(3) 根据审核过的凭证登记机内会计账簿，进行账目核对，生成会计报表。

(4) 编制现金、银行存款日报表和银行对账单。

(5) 打印输出记账凭证、会计账簿、财务报表,进行会计数据处理和财务分析。

(6) 按规定的方法和步骤更正会计分录和财务报告中的错误。

(7) 对操作中出现的问题作详细记录并及时报告系统管理员。

◆ 会计档案管理岗位

岗位职责:

(1) 根据《会计档案管理办法》的规定,具体组织会计档案的整理立卷、装订、归档、保管、查阅、销毁和保密工作。

(2) 及时装订本单位会计凭证、会计账簿、会计报表、经济合同、银行对账单及与会计核算有关的文件资料等。

(3) 妥善保管会计电算化档案,如储存的软盘、光盘等磁性介质,定期检查和复制采用磁性介质储存的会计档案,防止会计档案资料丢失。

(4) 做好会计档案的月备份和年度会计档案的双备份工作,年度会计档案要刻录成光盘并保存。

(5) 负责本部门各种文件、制度、办法等其他会计资料的整理、归档、保管工作。

(6) 建立会计档案查阅制度,设置"查阅会计档案登记簿",凡是查阅档案的外单位人员,应持单位介绍信,并经财务负责人批准,借阅时应在登记簿上登记,并有会计档案管理人员、查阅人员、收取人员共同签字。

(7) 做好会计档案的防火、防水、防蛀、防尘、防盗、防磁等安全工作。

(8) 严防会计档案资料的毁坏、损失、散失和泄密,做好会计档案的保密工作。

(9) 负责完成单位领导及部门领导安排的其他事宜。

值得注意的是:对于会计档案管理岗位,在会计档案正式移交之前,属于会计岗位;正式移交档案管理部门之后,不再属于会计岗位。档案管理部门的人员管理会计档案,不属于会计岗位。

○ 阅读

岗位成才故事之王磊

王磊,毕业于河北大学经济与法学专业,1998 年参加工作,现任大城供电有限公司客户服务中心电费核算班班长。参加工作 14 年以来,王磊从基层一线做起,先后在多个供电所、财务科担任过电费会计。他始终立足本职工作,潜心钻研财会业务,在自己普通的工作岗位上默默奉献,燃烧着自己的青春。

敢于变革,推陈出新

凭借着自己的会计资格证,王磊自参加工作就在供电所担任会计工作。电费是电力企业赖以生存的经济命脉,确保电费收取上缴不出错和电费月度结零是一项责任极为重大、对财会能力考验十分严峻的工作。王磊在这个岗位上兢兢业业,一干就是 5 年。由于在供电所期间工作出色,王磊被调到供电公司财务科电费会计岗位上。新的工作岗位,提出了更高的要求,王磊清醒地意识到财务工作不只是简单的记录,而是要协助企业管理,因此必须改变以前手工记账的落后模式。手工记账是从制作凭证,到总账报表,这一切都要靠人工核算、手工填入，不仅工作量大、耗费时间，而且容易出现错误，这种原始的记账方式已经难以满足现代化企业的要求。王磊便决定摒弃落后的工作方式，尝试先进的财务管理软件，并与自己的实际工作结合，边摸索边实践，通过不懈的努力，建立了一套全新的电费记账模式。先进的软件能够在基础财务凭证正确处理的基础上，其他步骤自动生成，从而减少了错误环节，降低了出错概率，大大提高了工作效率。这种先进的记账方式也很快被推广到各供电所的财务工作中。

敢于创新，全面提升

工作中，王磊通过和基层所站会计的业务往来，发现在日常查账、月度报账等工作环节中，各部门的财会工作总是存在一些不足和缺点，各单位的会计人员也存在素质参差不齐、经验缺乏的情况，给准确度和严谨度要求极高的财务工作带来很大困难。于是，如何提升基层部门会计人员的整体素质，成为摆在王磊面前一项亟待解决的问题。王磊通过实地考察，结合人员实际情况，创新地将"运用模块教学法（MES）"引入到基层会计进行培训，这种先进的教学方法，以现场教学为主，以财务技能训练为核心，真正解决了会计业务抽象、空洞、不易学的难题。王磊利用基层会计人员报账的时机，逐一对他们进行培训，手把手进行教学，最大限度地拓展会计人员的能力。通过几个月的培训，有效提升了基层会计人员的综合能力，为本单位的整体财务管理工作开创了新局面。

敢于争先，学无止境

当前，电力企业"三集五大"体系建设圆满完成，全新的机构模式打破了电力行业以往的传统格局，使企业整体运行更加高效。作为新时期电力企业的见证者和建设者，王磊深知只有通过不断学习、更新观念，才能适应建设现代化公司的要求。他时刻告诫自己，做好一名会计，不能只满足于学习会计、税收方面的知识，而要不断拓宽自己的视野，从学习财务、企业管理等多方面广泛涉猎，才能符合新时代的要求。因此《会计基础》、《财经法规与会计职业道德》、《会计电算化》、《会计审计》、《财务成本管理》、《公司战略与风险管理》、《经济法》等书籍也成了王磊工作生活中的好伙伴，让他的专业知识不断充实、业务技能日益提升。去年王磊代表大城供电公司参加了冀北电力有限公司组织的财务调考比赛，取得了电费会计专业第三名的好成绩，并代表冀北电力有限公司参加了国家电网公司电费会计专业培训，使自己在工作上了一个新台阶。

多年来，王磊屡次被市、县供电公司授予"先进工作者"、"优秀共青团员"等荣誉称号，但是他没有骄傲自满，始终坚持将"活到老，学到老"作为自己的工作理念，为建设"一强三优"现代公司贡献力量、添砖加瓦。

对于初入职场的新人来说，无论你从事哪个岗位的工作，切忌好高骛远，眼高手低，一定要踏踏实实，静下心来做好自己的份内事，这样才能真正学到东西，在事业中收获成功！

2. 会计职业素养

多数同学觉得，会计职业素养要等走上工作岗位之后才逐渐养成，其实不然，对于会计专业学生，课堂好比就是一个工作场景，如何在课堂中提高职业素养呢？

爱岗敬业：要求会计人员热爱会计工作，安心本职岗位，忠于职守，尽心尽力，尽职尽责。表现在课堂，你是否热爱会计专业，会计课程学习是否做到了尽心尽力？

诚实守信：要求会计人员做老实人，说老实话，办老实事，执业谨慎，信誉至上，不为利益所诱惑，不弄虚作假，不泄露秘密。表现在课堂，在平时的作业中、测验中你是否独立完成，是否有过作弊行为和帮助他人作弊的行为？

廉洁自律：要求会计人员公私分明，不贪不占，遵纪守法，清正廉洁。特别是自律行为，课堂上的你能否遵守课堂纪律，抵挡住手机诱惑？

客观公正：要求会计人员端正态度，依法办事，实事求是，不偏不倚，保持应有的独立性。课堂上应学习态度的端正，保持独立思考习惯。

坚持准则：要求会计人员熟悉国家法律、法规和国家统一的会计制度，始终坚持按法律、法规和国家统一的会计制度的要求进行会计核算，实施会计监督。在学习中，你是否有按要求完成学习任务，有自我检查和自我监督的意识？

提高技能：要求会计人员增强提高专业技能的自觉性和紧迫感，勤学苦练，刻苦钻研，不断进取，提高业务水平。你的学业成绩是否达标，业务水平是否有提升？

参与管理：要求会计人员在做好本职工作的同时，努力钻研相关业务，全面熟悉本单位经营活动和业务流程，主动提出合理化建议，协助领导决策，积极参与管理。作为课堂成员，班级一份子，你有为班级做出多少贡献？

强化服务：要求会计人员树立服务意识，提高服务质量，努力维护和提升会计职业的良好社会形象。你为班级同伴提供过服务吗，在活动中有担任好后勤工作任务吗？

以上只是举例，会计职业素养就是在平时课堂中体现出来的，课前的预习、桌面的清理等小动作，也是为会计工作做好充分准备。成败在于细节，因此，多关注身边事项，构建会计职业概念，努力做一名优秀的会计人员，要从细节入手，细节决定成败。

○ 阅读

《会计去哪儿》唱出会计心声

2014 年《爸爸去哪儿》第 2 季正式开播，可爱的包子妹，呆萌的杨阳洋，哪个是你的菜？其实，在会计中，我们也有一首《会计去哪儿》哟，下面，就和我们一起来唱唱吧！

小会计：
  我们公司有个人很酷
  会做账还会做税技术
  他教我们编制报表
  也带着我们核对账物

老板：
  谢谢你付出 我的好下属
  薪就别想了 好好学习管理税务
  多看多想才能提高理论基础
  天天加班风雨无阻

会计主管 & 小出纳：
  老大，老大，你要去哪里呀

到了"注会"就天不怕地不怕
　　会计,会计,你是公司的大树
　　一直不加薪才最酷
老板:
　　这是我第一次关注财务部
　　我们的理解都有点错误
　　你拼命地对账
　　我拼命打岔
　　一起写了一撇一捺
会计主管 & 小会计:
　　出纳,出纳,辞工去哪里呀
　　你不会做账,这也怕那也怕
　　出纳,出纳,你是公司的小树
　　不换工作工资就不会加
　　我们会计是个神话
　　金蝶用友不在话下
　　只要考到会计职称
　　带着全体去火辣辣!
　　我们会计是个神话
　　开个公司绝代风华
　　等哪天自己当上老板
　　带着全体一起去火辣辣!

○ 讨论题

请把你找到的会计岗位罗列出来

第六节　会计工作

> **导读**
>
> 　　有人说，会计工作就是动动笔、算算账、收收钱、发发钱；也有人说，会计工作最轻松，懂算术的人都能上手。然而，工作了几十年的老会计如是说：会计工作轻松又繁琐、简单又复杂，会计工作让你欢喜让你愁，饱含酸甜苦辣各种滋味，让你看清人生百态。

　　会计是一份多元化的工作。有位计算机管理专业的学生说："过去我以为会计工作是相当枯燥的，坐在一间小房里，和数字打交道。现在看来，是一种偏见，会计工作其实是一份非常重要的工作，因为公司的经营业绩要靠会计账目反映出来。"这位学生表示，虽然自己学的不是会计专业，但毕业以后考虑的第一份工作是会计。面对悄然发生的变换，会计界专业人士也发表了类似的看法："会计也涉及企业的日常管理工作"。

○ 阅读

企业财务部门工作的核心价值

　　通过建立并完善集团财务管理各项系统（会计信息系统、财务控制系统、资金结算系统、风险控制系统），搭建现代化企业集团财务管理模式。

　　通过完善财务组织架构，定岗、定编、定目标，明确财务部以及财务部各岗位工作职责、工作目标，提升工作效率。

　　通过建立覆盖全集团的管控体系，有效地监督各经营实体的经营活动，提高资金使用效率，降低成本费用支出，从而提升集团经济效益。

　　通过集团统一资金结算，合理分配资金，提高资金使用效益，为集团重大项目提供充足的资金支持。

　　通过建立完善各项财务制度和操作流程，使工作制度化、流程化、条理化、明晰化，提高工作效率，为集团的经营活动提供财务保障。

　　通过加强服务意识，为公司经营提供数据指引、分析，提升管理效率，降低经营风险。

　　通过建立完善全面预算和内控制度以及预算考核制度，调动各部门、每个人的主观能动性，有效提升经营效益，使得每个部门、每个人工作有目标、有责任，人人关心效益、人人关心成本费用。

通过建立一套覆盖全集团的信息化经营管理系统,使得经营更规范,监督更有力,分析更具体。总之,通过以上工作为集团的经营发展做出财务人员的贡献。

改革开放期间,朱镕基总理特别为会计工作者题词:

"诚信为本,操守为重,坚持准则,不做假账。"

从朱镕基总理的题词中不难发现我国十分重视会计基础工作,制定了相应的规章制度。1984年4月,财政部发布了《会计人员工作规则》。随着社会主义市场经济体制的确立和1993年以来会计制度的重大改革,会计基础工作出现了许多新情况、新问题。为适应会计基础工作的新要求,财政部对《会计人员工作规则》进行了重新修订,于1996年6月17日发布了《会计基础工作规范》(以下简称《规范》)。《规范》发布实施后,《会计人员工作规则》同时废止。

1. 会计工作流程

会计工作的大体内容,就是会计人员在会计期间内,按照国家规定的会计制度,运用一定的会计方法,遵循一定的会计步骤对经济数据进行记录、计算、汇总、报告,从编制会计凭证、登记会计账簿到形成会计报表的过程。通常,将这种依次发生、周而复始的以记录为主的会计处理过程称为会计循环。具体来说,按照以下几个步骤循环进行:

(1) 建账。就是根据企业具体行业要求和将来可能发生的会计业务情况,购置所需要的账簿,然后根据企业日常发生的业务情况和会计处理程序登记账簿。

(2) 会计事项分析。包括经济业务分析、原始凭证审核等工作。

(3) 编制会计凭证。即对企业发生的经济业务进行确认和计量,并根据其结果,运用复式记账法编制会计分录,填写会计凭证。

(4) 登记有关账簿。即根据会计凭证分别登记有关的日记账、总分类账和明细分类账,并结出发生额和余额。

(5) 编制试算平衡表。即根据总分类账试算平衡表和明细分类账试算平衡表,检查记账有无错误。

(6) 期末调账和编制工作底稿。期末结账前,按照权责发生制原则,确定本期的应得收入和应负担的费用,并据以对账簿记录的有关账项做出必要调整,编制调账分录和试算平衡表,并结合分类账和日记账的会计数据,据以编制工作底稿,以方便下一步对账和结账工作,并为最后编制报表提供便利。

(7) 对账和结账。对账是为确保账簿记录的正确,完整真实,在有关经济业务入账以后进行的对账工作,主要有账账相对、账证相对和账实相对。结账即结清账目,在把一定时期所发生的经济业务全部登记入账后,将各种账簿记录的经济业务结算清楚,结出本期发生额合计和期末余额,或将余额结转下期,以便编制会计报表,分清上下期会计记录和分期继续核算。

(8) 编制和报送财务报告。也叫编制财务报表,是根据账簿记录编制资产负债表、利润表、现金流量表等，报告企业财务状况和经营成果。

○ 阅读

企业财务人员必须做好七件事

（1）算好账。

会计核算是企业财务管理的支撑，是企业财务最基础、最重要职能之一。会计的基本职能无论是二职能论（反映与监督）、三职能论（反映、监督及参与决策）还是五职能论（反映、监督、预算、控制与决策），其第一项职能都是反映，反映职能通过什么来实现，那就是会计核算。

会计核算作为一门管理科学，而且是一门硬科学，有其一套严格的确认、记量、记录与报告程序与方法，会计是用价值的方式来记录企业经营过程、反映经营得失、报告经营成果，会计的审核和计算只有在业务发生后才能进行，因此会计核算都是事后反映，其依据国家的统一会计制度、会计政策、会计估计也按大家所熟知的"会计法"、"会计准则"、"财务通则"等进行分类整理。作为管理科学一个分支，他有一整套的国际通行方法和制度，包括记账方法、会计科目、会计假设及国家制定的会计准则、制度、法规、条例等，这些东西为整个会计核算提供了较多的规范，目的是要得出一本"真账"，结论具有合法性、公允性、一贯性，相对来讲结论是"死的"，不同的人对相同的会计业务进行核算，在所有重大方面不应存在大的出入。在财务的七件事中，此职能最能得到大家的认可，也是目前企业财务中运用较好的职能之一，当然除有意做假账外。

（2）管好钱。

除会计核算外，会计最重要的职能就是监督了，会计监督是全方位的，包含企业各个方面，其中对企业资金的监督是每家企业都非常重视的事。对任何企业来说，资金的运用与管理都是一个非常重要的事，资金于企业而言犹如人们身上血液，没有、多了、少了、流动快了、流动慢了、不动了、带病了，都有可能使企业面临破产，作为企业的价值管理的财务部门，其重要职能包含资金的筹集、调度与监管，简单地说就是把企业的"钱"管好。

资金的运用与管理有别于会计核算，没有一套严格的管理方法，企业间差别较大，资金计划、筹融资、各项结算与控制，都属于资金运用与管理范围，企业性质、资金量、会计政策、信用政策、行业特点、主要决策者偏好，甚至资金调度人员的经验都可能给企业资金运用与管理带来偏差，通过建立企业资金管理制度可在一定程度上防止资金的使用不当，但要提高企业资金效用，单靠制度很难实现，除应建立一套适合企业的资金审批、监控系统外，更需要选择有一定经验的人员进行此项工作。

（3）理好关系。

企业一般只设置财务部，人们很容易将财务与会计混在一起，只有极少数大型企业在财务部下分设会计科与财务科等，以将财务与会计分开。其实企业财务与会计是两个不同的事务，从会计与财务定义上我们就能很容易分开，会计的定义为"确认、记量、记录与报告"，财务的定义为"协调企业各方面的财务关系"，从定义上我们不难看出，会计是一门硬科学，它遵循严格的手段和方法，同一个东西无论谁来核算得到的结果都是一样的，其追求的是"真实",财务协调的"财务关系",而关系很难"定格",很难有"标准",因此财务是一门软科学,很难找出千篇一律的方法和手段,同一业务,不同的人去做,由于经验、取舍、偏好等的不同,得出的结论可能差异较大。

企业经营过程中所涉及的财务关系很多,既有内部各部门之间的,也有企业与外部各供应商、客户、银行、税务、工商、政府部门等,财务部门应协调好这些关系。企业都说重视财务管理,但真正能理解什么是财务管理的企业其实不多,更多的是将会计理解为财务。财务离不开会计,很多财务决策都得依赖会计核算,会计核算的许多方法也直接被财务利用,然而这毕竟是两门学科,不能混为一谈,财务管理属软科学,更多地需要有经验的人员进行管理,财务管理管理效用也往往高于会计核算。

（4）监控资产。

财务部的第一职能是会计核算,核算的目的当然不是为了几个阿拉伯数字,会计核算是用价值手段全面反映企业实物运动的过程,实物从这个车间到那个车间,从这道工序到那道工序,无不在会计核算的反映之内,因此除了要求账账相符、账证相符外,账实是否相符,也是财务部的职能之一,也是财务履行其监督职能的一个重要方面。财务部门可通过定期与不定期进行资产的抽查与盘点,将企业资产实物与财务记录数据是否相符进行对比,从资产监管的角度来参与企业资产管理,以保证财务记录的真实性及企业资产的安全与完整性。

（5）管好信用。

信用管理作为企业财务管理的内容之一,本不应单独列为财务职能,但由于其重要程度及信用管理的复杂性,促使企业将其从财务管理职能中分离出来单独形成职能。过剩经济时代,企业经营少不了与客户之间发生一些往来款项,其中不乏赊销,随着赊销业务的增加,企业呆坏账可能性也加大,在毛利率不高的情况下,一笔呆坏账往往超过企业全年利润,为控制呆坏账的发生,企业间的信用管理与控制也越来越被企业重视。

企业的信用政策往往与销售业绩直接联系在一起,采用什么样的信用政策,客户的信用记录又如何？直接关系到企业销售量和呆坏账数量,因此企业进行信用管理不但是需要,也是必须的。各客户的购货量、货款支付的及时性、业务过程中是否容易合作等等,市场部门和财务部门掌握都较全面,根据企业管理中的相互制约原则,企业信用管理工作一般落实在财务部门进行管理,信用管理成为财务工作的重要职责之一,管好客户信用也就控制了企业呆坏账的发生率。

（6）做好参谋。

上面谈到会计的一项职能是决策,无论参与决策也好,提供决策依据也好,完全靠财务与会计是不够的,还要求与管理会计相结合。管理会计与财务会计不一样,它是通过对财务等信息的深加工和再利用,实现对经济过程的预测、决策、规划、控制、责任考核评价等职能的一个会计分支,如果我们说财务会计是记录企业的过去,那么管理会计则是预测企业的未来,财务会计能为企业内、外部相关利益者提供数据,而管理会计专为企业决策者提供数据。

管理会计主要从管理的角度,根据决策者的需要重新将企业以往发生的财务事项进行重新组合、分解,利用趋势预测等方法,为决策者提供一些决策数据,虽然管理会计的重要来源是财务会计,但不像财务会计那样有严格的方法、政策限制,不受财务会计"公认会计原则"的限制和约束,得出的结论往往带有一些假设成分,由于其与企业会计核算不可分割,成为财务管理重要内容之一。

企业财务应在会计核算与分析的基础上,结合管理会计,对企业生产经营、融资、投资方案等提供好决策数据,做好参谋。

(7) 计好绩效

谈到绩效考核,少不了各项完成指标的计量与比较,这些计量与比较当然少不了会计方面价值计量,而且大多是价值计量,生产过程中的增值、费用控制、产值等,这些都是财务会计的计量范围,在价值计量上企业还没有哪一个部门能比财务部门更专业和全面,因此企业绩效考核工作少不了财务部门的参与,绩效考核中的大部分计算工作成为财务职责工作之一,分解、计算各部门绩效是财务部必须做的七件之一。

总之,作为企业管理中心的财务,无论企业规模大小,企业财务都少不了以上七个方面的职能,尽管仅少数大型企业对这几个方面的职能有明确分工,绝大多数企业,由于财务机构、人员的限制,没有对这些职能进行明确分工,而把其中的较多职能赋予在财务经理等少数人身上,但无论如何分工,七件事一件也少不了。

2. 会计核算内容

《会计法》对会计核算的基本内容作过规定,《规范》第三十七条重申了《会计法》的这一规定,即要求对下列会计事项,必须及时办理会计手续,进行会计核算。

(1) 款项和有价证券的收付。款项是作为支付手段的货币资金。可以作为款项收付的货币资金,包括现金、银行存款和其他货币资金,如外埠存款、银行汇票存款、银行本票存款、在途货币资金、信用证存款、保函押金和各种备用金等。有价证券是具有一定财产权利或者支配权利的票证,如股票、国库券、其他企业债券等。款项的收付是经常发生的,在有的单位其发生额还很大。有价证券收付的频繁程度在多数单位要低一些,但发生额一般都比较大。款项和有价证券收付的业务涉及较易受损的资产,绝大部分业务本身又直接造成一个单位货币资金的增减变化,影响单位的资金调度能力,所以通常要求进行严密、及时和准确的核算。目前实际工作中在这方面存在的突出问题是,有的单位款项收付未纳入单位的统一核算,而是转入了"小金库";或者单位资金管理失控,被非法挪用,甚至发生贪污、抽逃等问题。因此,必须加强对款项、有价证券的管理,建立健全内部控制等管理制度。

(2) 财物的收发、增减和使用。财物是一个单位用来进行或维持经营管理活动的具有实物形态的经济资源,包括原材料、燃料、包装物、低值易耗品、在产品、自制半成品、产成品、商品等流动资产和机器、机械、设备、设施、运输工具、家具等固定资产。财产物资在许多单位构成资产的主体,并在资产总额中占有很大比重。财物的收发、增减和使用业务,是会计核算中的经常性业务,有关的核算资料往往是单位内部进行业务成果考核,控制和降低成本费用的重要依据。此外,财物会计核算还对各种财产物资的安全、完整有重要作用。对国有企业、事业行政单位来说,这也是保护国家财产的一个重要关口,但在有的国有单位,这个关口的职能被大大削弱,经常发生国家财产被毁损、浪费,或者被不法分子侵吞,造成了国有资产的浪费和严重流失。作为会计人员,应当加强对财产物资的核算和管理。

(3) 债权债务的发生和结算。债权是一个单位收取款项的权利,包括各种应收和预付的款项。债务则是一个单位需要以其货币资金等资产或者劳务清偿的义务,包括各项借款、应付和预收款项以及应交款项等。债权和债务都是一个单位在自己的经营活动中必然要发生的事项。对债权债务的发生和结算的会计核算,涉及单位与其他单位以及单位与其他有关方面的经济利益,关系到单位自身的资金周转,同时从法律上讲,债务还决定一个企业的生成问题,因而债权债务是会计核算的一项重要内容。会计基础工作薄弱的单位,往往不能正确、及时办理债权债务的会计核算,使单位的信誉和经济利益蒙受损失。也有的单位利用应收应付款项账目隐藏、转移资金、利润或费用,涉嫌违法乱纪。对此问题,会计人员必须进行制止和纠正。

(4) 资本、基金的增减。资本一般是企业单位的所有者对企业的净资产的所有权,因此亦称所有者权益,具体包括实收资本、资本公积、盈余公积和未分配利润。基金,主要是指机关、事业单位某些特定用途的资金,如事业发展基金、集体福利基金、后备基金等。资本、基金的利益关系人比较明确,用途也基本定向。办理资本、基金增减的会计核算,政策性很强,一般都应以具有法律效力的合同、协议、董事会决议或政府部门的有关文件等为依据,切忌盲从单位领导人个人或其他指示人未经法定程序认可或未办理法定手续的任何处置意见。

(5) 收支与成本费用的计算。收入是一个单位在经营活动中由于销售产品、商品,提供劳务、服务或提供资产的使用权等取得的款项或收取款项的权利。支出从狭义上理解,仅指行政事业单位和社会团体在履行法定职能或发挥特定的功能时所发生的各项开支,以及企业和企业化的事业单位在正常经营活动以外的支出或损失;如从广义上理解,支出是一个单位实际发生的各项开支或损失。费用的含义比支出窄,通常使用范围也小一些,仅指企业和企业化的事业单位因生产、经营和管理活动而发生的各项耗费和支出。成本一般仅限于企业和企业化的事业单位在生产产品、购置商品和提供劳务或服务中所发生的各项直接耗费,如直接材料、直接工资、直接费用、商品进价以及燃料、动力等其他直接费用。收入、支出、费用、成本都是重要的会计要素,体现着对一个单位的经营管理水平和效率从不同角度进行的度量,是计算一个单位经营成果及其盈亏情况的主要依据。对这些要素进行会计核算的特点,是连续、系统、全面和综合。在实际工作中,问题突出的有虚报收入(人为压低或拔高)、虚列支出和乱挤乱摊成本、费用等。这已成为严重影响会计信息质量的根源之一,会计人员有责任制止和纠正这种现象的继续发生。

(6) 财务成果的计算和处理。财务成果主要是企业和企业化的事业单位在一定的时期内通过从事经营活动而在财务上所取得的结果,具体表现为盈利或是亏损。财务成果的计算和处理,包括利润的计算、所得税的计算交和利润的分配(或亏损的弥补)等,这个环节上的会计核算主要涉及所有者和国家的利益。在实际工作中存在的问题,主要是"虚盈实亏"和"虚亏实盈",一般视单位的所有制性质而异,呈典型的利益驱动倾向,其共同特点是损害国家或社会公众利益,是一种严重的违法行为。

(7) 其他会计事项。其他会计事项是指在上述六项会计核算内容中未能包括的、按有关法律法规或会计制度的规定或根据单位的具体情况需要办理会计手续和进行会计核算的事项。单位在有这类事项时,应当按照有关法律、法规或者会计制度的规定,认真、严格办理有关会计手续,进行会计核算。

○ 阅读

一个故事讲完会计

小周大学毕业,决定自谋职业。和家人商量后,决定开一家小型软件开发公司。开公司需要创业资金。小周通过以下渠道筹集了100000元:家庭投入50000元,同学借款30000元,银行贷款20000元。

上述资金都存在银行,其之间的相互关系可以用一个恒等式表示:

银行存款(100000元)= 家庭投入50000元 + 银行贷款20000元 + 同学借款30000元

上述恒等式,如果用会计语言表达,即为:资产 = 所有者权益 + 负债。

资产:银行存款100000元是小周能够控制的给自己带来经济利益的资源。

负债:银行贷款20000元和同学借款30000元是小周承担的未来经济利益流出的义务。

所有者权益:家庭投入(本钱)50000元属于小周自己所拥有的权益,为资产减去负债之后的差额。

公司经营后,银行存款用于多方面开支,有60000元从银行存款中划出,即:30000元买设备,20000元买材料,另提取现金10000元备用。无论怎么变化,上述恒等式不变。即:

资产100000元(设备30000元 + 材料20000元 + 现金10000元 + 银行存款40000元)= 所有者权益50000元 + 负债50000元。

其中:设备——使用期限在一年以上,价值大,流动性弱,叫"固定资产"。

材料——一次领用就一次消耗,流动性较强,叫"流动资产"。

现金和银行存款:流动性最强,也叫"流动资产"。

上述恒等式可表达为:

固定资产30000元 + 流动资产700000元 = 所有者权益50000元 + 负债50000元

年底,小周算了算公司开业来的经营情况,有收入50000元,支出材料费、人工费、房租费等20000元。于是,利润30000元 = 收入50000元 − 费用20000元。同时,12月31日小周发现公司的资产状况也有了新的变化:

资产 = 设备60000元 + 银行存款70000元 = 130000元

如果此时小周公司的负债和所有者权益还是最初数,那么恒等式该如何表达?

即:资产130000元 = 负债50000元 + 所有者权益50000元 + ?

显然等式右边的差额30000元,即为小周公司实现的利润,这部分利润应该是归属于小周的新增权益,如此的话,恒等式即为:

资产 = 负债 + 所有者权益(本钱 + 利润)

用会计语言表示,即资产＝负债＋所有者权益(实收资本 50000 元＋未分配利润 30000 元)

会计核算的原理以及资产负债表就是建立在这个恒等式上。

资产＝负债＋所有者权益,说明:某一天,小周有多少资产,还欠人家多少钱,自己有多少本钱。这反映了小周的财务状况。

利润＝收入－费用说明,说明截至某一段时间,小周盈利多少。这反映了小周的经营成果。

会计上,把上述表达财务状况、经营成果的项目,叫作"会计要素",即资产、负债、所有者权益、收入、费用。

逐渐,小周公司的业务发展很快,公司的资产、负债、所有者权益、收入、费用很多很复杂。为了详细、全面、系统地进行记录和反映,就应该对会计要素进行分类,给每一类一个名称,用会计语言就是"会计科目"(会计要素类别的意思)。一个要素之下该用多少或哪些会计科目?这个用不着你去考虑。在你去一家单位之前,人家已经在使用。学一些如何设置会计科目的知识对于你来说也没用。

只要有经济业务发生,就会引起相关会计要素及其会计科目数据的变化。我们把记载经济业务发生时取得或填制的书面文件称为原始凭证。把整理原始凭证并以此记入到相应账户(账簿)中去的书面文件即为记账凭证。而账户(账簿)是具有一定格式的以会计科目为名称的书面文件,专门记录"科目"名下的数据增减变动的。期末,账户(账簿)数据的汇总,形成会计报表。

会计最基本、最关键的工作:依据原始凭证按会计科目编制记账凭证,运用的方法是复式记账法,常见的是复式记账法中的借贷记账法,即以"借"和"贷"为记账符号的复式记账法。

之后,依据编制好的记账凭证,把数据登记到相关会计科目名下的账簿中去。期末,整理汇总账簿,再编制会计报表。

会计程序:经济业务—原始凭证—记账凭证—账簿—会计报表。

简单说,会计就是一种记录和报告经济业务的一种工作,包括记账、算账、报账,以及管账、用账。

记账:运用复式记账法,从原始凭证——记账凭证——账户。

算账:处理和总结账户数据,包括成本计算。

报账:根据账户综合数据,编制会计报表。

会计核算(记账、算账、报账)的基本方法,是按照会计程序安排的,共有:设置账户、复式记账、填制和审核会计凭证、登记账簿、成本计算、财产清查、编制报表。(很好记:第一个字取谐音,形成一个顺口溜:"是否天灯成彩编")

会计是一个信息系统,输入信息是最关键的,目前电算化会计系统下,哪个方法最为关键?就是填制和审核会计凭证,核心内容是编制记账凭证,即利用复式记账编制"会计分录",之后就是数据输入和系统自动处理数据和信息(报表)输出的问题。

当你去一个新单位,设置账户早已完成,与你没关系;复式记账方法很简单,半天搞定;做分录需要知识积累,即对经济业务进行确认、计量、分类需要点技术和经验,但不怕,常见类型就那么多,好好琢磨琢磨练练就行了。

所以,对于一个初学者来说,掌握复式记账就是关键了,因为如此才能做会计分录。

概念总结:

(1) 资金:财产物资的货币表现及货币本身。

(2) 资金运动:能够以货币表现的经济活动,即会计对象,也是会计所核算和监督的内容。

资金运动的静态表现:"你今天有多少钱",说明资金状况(或财务状况),相联系:资产 = 负债 + 所有者权益。

资金运动的动态表现:"你截至今天挣了多少钱",说明资金效益(或经营成果),相联系:利润 = 收入 - 费用。

(3) 会计要素:指对会计对象内容(资金运动)所做的基本分类。

其中,静态要素:资产、负债、所有者权益;动态要素:收入、费用。

(4) 会计科目:对会计要素进行分类核算的标志或项目。

(5) 账户(账本、账簿):具有一定格式的以会计科目为名称的工具,专门记录"科目"名下的数据。

(6) 会计核算方法,就是围绕"记账、算账和报账"的程序与方法,共有"是否天灯成彩编",核心的编制会计分录,必须掌握复式记账。

(7) 会计基本等式:是指会计要素之间所存在的在总额上保持必然相等的一种关系式,是企业财务状况与经营成果的表达式,又叫会计恒等式。

基本等式:资产 = 负债 + 所有者权益

扩充等式:资产 = 负债 + 所有者权益 + (收入 - 费用)

或:资产 = 负债 + 所有者权益 + 利润(- 亏损)

(8) 资产负债表:根据账簿数据编制的按"资产 = 负债 + 所有者权益"原理建立起来的用于说明公司某一时点资金状况(或财务状况)的会计报表。

损益表资产:根据账簿数据编制的按"利润 = 收入 - 费用"原理建立起来的用于说明公司某一时期经营成果的会计报表。

几年后,小周公司越做越大,作为董事长,他要每个月末看到由财务部递交上来的会计报表(月报),每个季末看季度会计报表(季报),半年过后看半年报,年末看全年的年度会计报表(年报),以了解公司财务状况(通过资产负债表)、经营成果(通过损益表)和财务状况变动情况(现金流量表)。

3. 会计工作礼仪

会计专业的学子,在今后的学习过程中,会系统的学习会计工作内容和规范,在这里不再过多的阐述。我们来了解下在会计工作中,经常被忽视的一个方面——会计工作礼仪。

"礼者,敬人也。""礼",是指礼貌,礼节,礼数等;"仪",是指仪表,仪式,仪态"等。现代礼仪正朝

着职业化、普遍化、高雅化发展。在应用礼仪的过程中,要注意尊重为本、善于表达、形式规范的原则,会计人员由于工作的特殊性,是公司各部门的联系枢纽,因此,礼仪的体现更能为自己事业插上腾飞的双翅。

◆ 个人形象

对一个人的印象很大程度上与第一印象有关,因此在会计工作过程中要十分注意自己的形象问题。要塑造一个良好的个人形象,应注意以下几个方面:

举止行为:站姿、坐姿、走姿、手势等。

着装得体:要符合时代、时令、时间等;适合年龄、场合等。

容貌修饰:得体、优雅。

◆ 语言礼仪

会计的工作过程中,公关交谈对业务的顺利进行和健康发展很重要。在交谈过程中,要注意语言的文明、准确、礼貌。

> 美国人在待人接物方面,具有下述四个主要特点:
> (1) 随和友善,容易接近。
> (2) 热情开朗,不拘小节。
> (3) 城府不深,喜欢幽默。
> (4) 自尊心强,好胜心重。

话题选择:围绕交谈双方既定话题,主题明确。

避免隐私:非议国家和政府,涉及公司机密等问题,不要谈及。

善于倾听:神态专注,措辞委婉,少说多听,礼让对方,适可而止等。

◆ 会面礼仪

在会计的日常工作中经常与各部门打交道,因此正确而得体的会面礼仪就显得或不可缺。

称呼尊重:先长后幼,先上后下,先女后男,先疏后亲。同时要分场合而定,处理好社交礼仪的空间距离。

致意:表示友好和尊重,根据具体情形与对方熟悉程度来进行,举手致意、点头致意、欠身致意等。

◆ 介绍礼仪

在会计的工作过程中,如审计、审核等,经常与不同的客户发生经济业务的联系,初次与客户打交道对于工作的进展有很重要的作用。

自我介绍:把握时机,注意分寸,内容清楚,讲究仪态。

介绍他人:表达严谨,注意顺序。

◆ 拜访礼仪

在会计的日常工作中,常常会因公务或者私人原因去拜访别人,因此正确把握拜访礼仪对于构建良好的人际关系有重要作用。

提前预约:公务拜访尽量安排在工

> 德国人在待人接物所表现出来的独特风格,往往会给人以深刻的印象。
> 第一,纪律严明,法制观念极强。
> 第二,讲究信誉,重视时间观念。
> 第三,极端自尊,非常尊重传统。
> 第四,待人热情,十分注重感情。

作时间,避开私人时间,不宜打扰对方休息。

约定主题:明确拜访目的。

◆ 接待礼仪

会计工作是一个社会化的工作,业务上的接待较为频繁。

室内整洁:接待地点的环境要保持整洁,专人打扫。

接待热情:让对方感觉舒适,有洽谈氛围。

当然,这里所提到的会计工作礼仪只是蜻蜓点水,在职场上,不管是会计工作,还是其他工作,得体的礼仪都会给你加分。

○ 阅读

企业到底喜欢什么样的会计?

在我国,多数高校都有会计专业,人才市场上大约1/10的求职者都是普通会计从业者,会计从业市场似乎已经严重饱和了。然而,如此庞大的会计队伍依然不能满足当前企业对会计人才的需求,问题就在于在众多的会计从业者中,真正符合企业用人标准的会计人员并不多。那么,企业喜欢什么样的会计人员呢?结合我国社会的实际情况,笔者认为,在当前形势下,具备以下素质的会计人员比较受企业欢迎:

(1) 有丰富的从业经验。

会计是一项操作性很强的技术性工作,会计人员既要掌握财税、金融以及计算机方面的理论知识,又要具备一定的实际工作经验。比如,国家规定注册会计师必须有两年以上实际工作经验才可单独受理业务。在实际中,具有几年的会计工作经验,并取得一定会计职称的中高级会计人才、管理会计人才较受欢迎。

(2) 有较好的学习能力和适应能力。

随着网络技术的发展和科学技术的进步,会计工作从内容到形式也在发生着深刻变化,企业会计电算化和ERP等系统的推广应用,对会计人员的学习能力和适应变化能力提出了更高的要求。适应能力是每个企业都很看重的,会计人员不但要将所学到的理论很快地应用到实际工作中,还要在短时间内快速融入企业,协调人际关系。

(3) 有诚实的品行和踏实的工作态度。

诚实是做人的基本素质,对会计行业更是如此。财务工作每天与金钱打交道并掌管着企业重要的财务信息,所有这些都需要会计工作者要有良好的思想品行。此外,会计工作要经常处理一些很繁琐的细节性问题,这就要求会计工作者有踏实的工作态度,具备一个良好的心态,能够并愿意把一点一滴的小事做好。

(4) 有良好的沟通能力。

财务会计部门一般是企业的综合性管理部门,要与企业内外方方面面的人进行接触,因此必须学会如何与别人沟通协调。良好的语言表达、逻辑思维和热情待人也是会计人员的基本素质要求。

(5) 具有战略思维。

当今时代,财务职能正在转型。企业对财务人员的要求已由普通的"账房先生"向

"战略性财务管理者"转变。衡量一个好会计的标准已不再是单一的传统会计工作,而是需要财会人才融入企业的发展中去,从传统的会计、记账、编表、分析向参与企业战略转变。

(6) 能够支持决策。

在财务职能转变的过程中,企业更希望会计人员可以参与到企业发展方向的战略决策过程中,能够从商业的各个角度考虑问题,基于富有洞察力的财务数据和经济规律,为推动企业整体绩效提供决策信息和切实建议。

对于准备从事会计工作或者刚刚迈进会计行业的从业者来说,能够具备以上素质,那就相当完美了。但并不是说每个会计人员必须具备以上素质才能从事会计工作,只是希望企业会计人员在实际工作中向此方向努力,为企业服务。

○ 讨论题

通过阅读上面内容,你对会计工作有什么自己的认识吗?

第七节　会计考证

> **导　读**
> 会计考证,已经成为当下热门的话题。每个人考证的目的可能不同,有的人是迫于生活的无奈,有的人是为了追求梦想,有的人是为了加薪,有的人是为了提高自己的业务水平……你考会计证书的目的是什么?你已经拥有了什么会计证书?是否还在为了某一个会计证书奋斗着?你的学习方式正确吗?考取会计证书后能对自己的生活和工作有什么样的改变?如何充分利用好自己的会计证书,为职业发展铺路?

1. 会计从业资格

◆ 考试简介

会计从业资格(会计证)考试是由国家财政部组织的全国性考试,它是获取会计行业从业的通行证。该考试实行全国统一大纲,各地自行编制教材及安排考试时间的政策,考试涉及《财经法规与会计职业道德》、《会计基础》、《初级会计电算化》三门课程。各科目必须一次性通过,方可申领会计从业资格证书。

2005版证书　　　新版证书

◆ 报考条件

符合下列基本条件的人员,均可报名参加会计从业资格考试。

(1) 遵守会计和其他财经法律、法规;

(2) 具备良好的道德品质;

(3) 具备会计基础知识和技能。

《会计法》第四十二条、第四十三条、第四十四条所列违法情形,被依法吊销会计从业资格证书的人员,自被吊销之日起5年内(含5年)不得参加会计从业资格考试,不得重新取得会计从业资格证书。

提供虚假财务会计报告,做假账,隐匿或者故意销毁会计凭证、会计账簿、财务会计报告,贪污、挪用公款,职务侵占等与会计职务有关的违法行为,被依法追究刑事责任的人员,不得参加会计从业资格考试,不得取得或者重新取得会计从业资格证书。

违反以前年度会计从业资格考试考务规定,有违规违纪行为,被禁考的考生,在规定的期限内不得参加会计从业资格考试。

◆ 网上报名方式

（1）访问江苏省财政厅网站（www.jscz.gov.cn），点击首页右下角窗口"会计从业资格考试报名"；或进入首页后点击【网上办事】栏目中的"会计管理"，然后点击"会计报名"栏目下的"会计从业资格考试"，即可进入报名网站。

（2）直接访问报名网址（http://kj.jscz.gov.cn/cityaccount/city.jsp）。

考生在以上两个网址中任选其一登录报名，并在报名首页中选择具体考区。

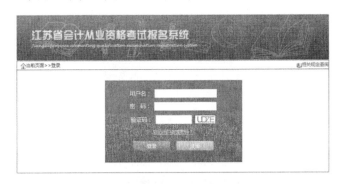

◆ 报名时间和考试时间

上半年报名时间为 2 月份；下半年报名时间为 8 月份。

上半年考试时间为 5 月下旬；下半年考试时间为 10 月下旬。

◆ 具体流程

在报名期间登录系统成功后，先选择考区，然后通过《考生报名》模块进行报名，流程为：阅读考生须知→选择考试科目、考点、日期→网上缴费，必须在一小时内完成缴费，否则考生选择的考点和考试日期信息将与考生解除绑定，考生需重新选择考点和考试日期进行报名缴费。

◆ 考试科目和考试方式

考试科目为《财经法规与会计职业道德》、

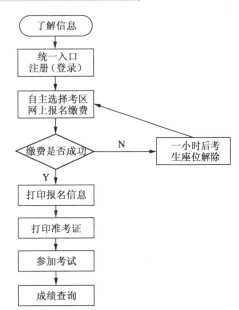

《会计基础》、《初级会计电算化》(或《珠算五级》)。

《财经法规与会计职业道德》、《会计基础》、《初级会计电算化》采用无纸化考试。三科连考,每科一小时。选择珠算科目,由财政部门另行安排日程组织考试,其他两科连考。各科目必须一次性通过,方可申领会计从业资格证书。

◆ 学习方法

首先,要研究考试大纲。很多人会忽视看考试大纲这个环节,觉得只要能够把书本的知识都记下来了,那么考试就不是问题,但试问一下:有多少人能够把一本书的知识点都能够记下来呢?这样的人毕竟是少数,而且太耗费时间,大部分的考生也没有这么多的时间来记忆书本上的所有知识点。所以在这里,研究考试大纲就显得尤为重要,首先要通过大纲了解考试的范围是什么,主要的考点有哪些,哪些是学习上面的难点,哪些是学习上的重点,当自己对于这些都清楚的时候,复习才能够有针对性,同时也才能够事半功倍。

其次,看书与练习相结合。会计从业考试的题目是在网上随机抽取的,因此大部分人的考试试题都是不一样的,这就使得考试的范围大大增加,每个抽到的考试题目难点都可能不一样。那么,如何能够解决这个问题呢?答案就是在看书的时候要将练习和书本结合起来。许多人都喜欢把一本书看完之后才开始做练习题,其实这是一种不好的学习方法,因为一本书看完之后,前面的知识点就会很模糊,所以你在做题的时候就感觉效率不高,做什么题都会错,这样不仅会打击你的自信心,同时也会让你感觉学习的效果不明显。所以,一定要做到一节一练、一章一练,这样才能够把掌握的知识立刻吸收,从而取得一个很好的学习效果。

最后,要做一下历年的真题。真题是最具有参考价值的练习题,因为它是真正考试的用题,所以含金量要比模拟题高很多。多做真题,能够让你准确测试出自己这一阶段的学习情况,同时也能够准确找到自己学习的不足之处,这样能够让自己迅速找到自己学习的薄弱点,加入强化总结。所以,真题在考前一定要多做两遍,每一遍你都会有新的体会和发现。

2. 初级会计职称(助理会计师)

◆ 考试简介

初级会计专业技术资格实行全国统一组织、统一考试时间、统一考试大纲、统一考试命题、统一合格标准的考试制度。初级会计专业技术资格考试,原则上每年举行一次。在国家机关、社会团体、企业、事业单位和其他组织中从事会计工作,并符合报名条件的人员均可报考。会计专业技术初级资格考试合格者,颁发人事部统一印制,人事部、财政部用印的《会计专业技术资格证书》,该证书在全国范围内有效。参加初级资格考试的人员必须在一个考试年度内通过全部科目的考试。

◆ 报考条件

考试报名条件按财政部、人事部联合印发的《〈会计专业技术资格考试暂行规定〉及其实施办法》（财会[2000]11号）及有关文件的规定执行。

（1）报考的会计人员应具备下列基本条件：

坚持原则，具备良好的职业道德品质；

认真执行《中华人民共和国会计法》和国家统一的会计制度，以及有关财经法律、法规、规章制度，无严重违反财经纪律的行为；

履行岗位职责，热爱本职工作；

具备会计从业资格，持有会计从业资格证书。

（2）报名参加会计专业技术初级资格考试的人员，除具备上述基本条件外，还必须具备教育部门认可的高中毕业以上学历。

（3）对符合《会计专业技术资格考试暂行规定》中报名条件的香港地区、澳门地区、台湾地区居民，提交中华人民共和国教育行政主管部门认可的高中以上学历或学士以上学位证书及相关材料参加报名。

◆ 报名时间和考试时间

报名时间一般为每年的1月。

考试时间一般为每年的5月，采取无纸化考试。

◆ 考试科目和考试大纲

会计专业技术初级资格考试科目包括《经济法基础》和《初级会计实务》，考试大纲使用全国会计考办印发的全国会计专业技术资格考试大纲。

参加会计专业技术初级资格考试的人员，必须在一个考试年度内通过全部科目的考试，方可获得会计专业技术初级资格证书。

◆ 学习方法

（1）参加辅导。参加辅导的好处是：理解了难点，知道了重点；每次上课能正点学习，充分利用了时间；随老师一起学习，效率比自己看书要高得多，尤其是参加知识水平高、辅导经验丰富的老师的辅导，短短几句话，就能击中要点，事半功倍。

（2）按计划进度复习。对不太熟悉的课程，一般要背5遍以上（成功率在80%以上）。在规定的时间里，计划好每天必须完成的背书量（如每天30～100页），规划出每天应该完成的读书和做题时间，一般每天不能少于2小时。做出计划后，最关键的是严格执行，即使再苦再累也必须完成，这是最重要的一条。

（3）框架记忆（逻辑记忆）。读书时一般先翻书，即先看目录，分析本书的逻辑结构，理解了，再分析各章的逻辑结构，之后再记各章中的重点内容，即按照树型结构来背书。这里要特别强调的是，背书一定要在理解教材的基础上背，而理解教材，是参加辅导时应该完成的工作。

（4）适度练习。现在综合题题量大，难度也大，平时要做练习，考试时才能从容应对。一般是读书占70%的时间，练习占30%的时间，效果较好。

（5）充分利用考前一小时。利用最后一小时再背最后一遍，这样在做题前仅半小时又背了一遍，瞬时记忆的效果非常好。

（6）严格掌握考试进度。假如会计考3个小时，即180分钟，每1分题可用1.8分钟来做。假设第一大题10分，则只能用18分钟做完。有了很强的时间观念，保证会做的题都能做到试卷上。严格掌握考试进度，是避免失误的有效方法。

此外，考初级职称，必须初级会计和经济法基础两门同时过，因此要适当平衡学习时间。通常，初级会计考题难度大，及格率低，这是学生应该关注的。

○ 阅读

考前心态调整

第一步，正确地进行考试规划。准确地了解自己，建立符合实际的考试计划。在平时，学生要对自己有一个准确的定位，应对自己的模考状况作客观的分析，模考成绩不是最重要的，重要的是做题思路和时间的把控，当我们对考试流程和做题进度有了初步的熟悉，就会更加有信心。

第二步，减小复习强度，总结知识，重点突破。临近考试，经过了长时间扎实的复习和反复练习，相信从知识的层面来讲是没有问题的。此时，应减小复习强度，集中精力关照重点知识和自己的薄弱环节，建议学生可以多看一下平时训练中自己常犯的错误。

第三步，以平常心应对考试。把考试想象成平时的模拟考试，只是把会做的做好，有难度的尽量解答。考试只是对于往日的努力的一次测试，我们不会因为考不好而失去什么，只会因为考得好而得到更多。

第四步，学会积极暗示。积极的心理暗示是一种正向的提醒和指令，会引导人潜在的积极动机，产生积极的行为。通过积极暗示，可以调节自己的心态、情绪、意志及能力，学生考前面临紧张的考场环境，可以对自己进行积极暗示，告诉自己"这次考试我一定能行，一定能够沉着应对"，在这种自我调整的作用下，会消除心理压力，从而消除焦虑，使之心态平和。

第五步，不断进行自我激励。美国哈佛大学心理学家威廉·詹姆士研究发现，一个没有受到激励的人，仅能发挥其能力的20%~30%，而当他受到激励时，其能力可以发挥至80%~90%。这就是说，同样是一个人，在经过充分激励的过程后，所发挥的作用相当于激励前的3~4倍。所以，要不断地进行自我激励。

第六步，适当运动，保持乐观的心态。适当运动会精神倍增，它可以使人增强信心，精力充沛，消除紧张和焦虑的情绪，就会保持乐观的心态。但是注意不要进行剧烈运动。

第七步，科学安排作息时间。古人云："人之心不可一日不用，尤不可一日不养，"在考前一定要注意科学安排作息时间，劳逸结合，不可暴学暴嬉。制订科学的作息时间表，努力做到早睡早起，不开夜车，不打疲劳战。这样才能保证考试时具有充沛的精力、清醒的头脑。

3. 中级会计职称(会计师)

◆ 考试简介

中级会计专业技术资格实行全国统一组织、统一考试时间、统一考试大纲、统一考试命题、统一合格标准的考试制度。会计专业技术资格考试,原则上每年举行一次。会计专业技术中级资格考试合格者,颁发人事部统一印制,人事部、财政部用印的《会计专业技术资格证书》,该证书在全国范围内有效。会计专业技术中级资格考试以两年为一个周期,参加考试的人员必须在连续的两个考试年度内通过全部科目的考试。

◆ 报考条件

考试报名条件按财政部、人事部联合印发的《〈会计专业技术资格考试暂行规定〉及其实施办法》(财会[2000]11号)及有关文件的规定执行。

(1)报考的会计人员应具备下列基本条件:

坚持原则,具备良好的职业道德品质。

认真执行《中华人民共和国会计法》和国家统一的会计制度,以及有关财经法律、法规、规章制度,无严重违反财经纪律的行为。

履行岗位职责,热爱本职工作。

具备会计从业资格,持有会计从业资格证书。

(2)报名参加会计专业技术中级资格考试的人员,除具备上述基本条件外,还必须具备下列条件之一:

取得大学专科学历,从事会计工作满5年。

取得大学本科学历,从事会计工作满4年。

取得双学士学位或研究生班毕业,从事会计工作满2年。

取得硕士学位,从事会计工作满1年。

取得博士学位。

(3)对通过全国统一的考试,取得经济、统计、审计专业技术中级资格的人员,并具备上述基本条件的可报名参加相应级别的会计专业技术资格考试。

(4)对符合《会计专业技术资格考试暂行规定》中相应级别报名条件的香港地区、澳门地区、台湾地区居民,应持有经中华人民共和国教育行政主管部门认可的大专以上学历或学士以上学位证书及相关材料参加报名。

(5)上述报名条件中所规定的从事会计工作年限,是指报考人员取得会计从业资格证书后从事会计工作时间的总和,但必须扣除全日制在校学习的时间。

◆ 报名时间

报名时间:一般为每年4月。

◆ 考试科目和考试方式

中级资格考试科目包括《中级会计实务》、《财务管理》

和《经济法》,闭卷考试。

参加会计专业技术中级资格考试的人员,在连续的两个考试年度内,全部科目考试均合格者,可获得会计专业技术中级资格证书。

◆ 考试时间

全国会计专业中级资格考试一般定于每年的9、10月份举行。中级资格《财务管理》科目考试时长为2.5小时,《经济法》科目考试时长为2.5小时,《中级会计实务》科目考试时长为3小时。

◆ 学习方法

(1)参加辅导。参加辅导的好处是:理解了难点,掌握了重点;随老师一起学习效率比自己看书要高得多。

(2)按计划进度复习。对不太熟悉的课程,一般是背5遍以上(考试成功率在80%以上)。在几个月的时间里,计划好每天必须完成的背书量(如每天30页),即使再苦再累也必须完成,保证在参加考试时已背5遍,有了这种精心准备,考试几乎没有不过的。一般学生用几个月时间进行复习,时间较宽裕。这是最重要的一条。

(3)框架记忆(逻辑记忆)。读书时一般先翻书,即先看目录,分析本书的逻辑结构,理解后再分析各章的逻辑结构,之后再记各章中的出题点。有了基本框架,一般50页的书在一个小时内能背完。如果不分析逻辑结构,直接从第一行读起,是达不到这个效果的。当然背书一定要在理解的基础上背,这是在参加辅导时必须解决的问题。也不是每章每一行都背,只是背几十行出题点,而出题点可能就是关键的几个字,所以知道出题点,背书的工作量不是很大。熟能生巧,背熟了出题点,才能融会贯通。

(4)适度练习。现在大分题占了50分以上,难度也很大,平时要做练习,考试时才能从容应对。学生在复习时,一般读书占70%的时间,练习占30%的时间,效果较好。先练习各章,再练习跨章节综合题,最后练习冲刺模拟题。

(5)充分利用考前一小时。如果考试在8:30开始,应在7:00就到考场,利用最后一小时再背最后一遍,这样在做题前仅半小时又背了一遍,瞬时记忆的效果非常好。

(6)严格掌握考试进度。会计考试时间3小时,即180分钟,每1分题可用1.8分钟来做。假设第一大题15分,用时不能超过32分钟。有了很强的时间观念,保证会做的题都能做到试卷上,这是很重要的一个应试技巧。

中级职称考试是会计业内人士几乎人人都要完成的事,目前考试的难度不算特别大,学生只要按照上述学习方法和考试技巧,用几个月左右时间精心准备,就一定能成功!

4. 高级会计职称(高级会计师)

◆ 考试简介

高级会计师是会计行业的高级专业技术职称。高级会计师在学历、工作资历、外语、计算机技术、会计专业知识上都有严格要求。考生除通过全国高级会计师统一考试外,一般还要具备职称英语、职称计算机、论文评审、工作业绩等条件,并通过所在省财政厅、省人力资源与社会保障厅联合组成高级会计师评审委员会评审通过

后,方可正式获得高级会计师职称。

高级会计师资格考评结合工作由国家统一组织,财政部、人力资源和社会保障部全国会计专业技术资格考试领导小组办公室负责确定考度科目、制订考试大纲和确定合格标准,对阅卷工作进行指导、监督和检查。财政部负责组织专家命题,人力资源和社会保障部负责组织专家审定试题。

各地区的高级会计师资格考试考务工作,由当地人事、财政部门协商制定组织实施办法。党中央、国务院所属单位和中央管理企业(以下简称"中央单位")的会计人员,按照属地化原则报名参加高级会计师资格考试。

◆ 报考条件

申请参加高级会计师资格考试的人员,须符合下列条件之一:

(1)《会计专业职务试行条例》规定的高级会计师专业职务任职资格评审条件,各地具体规定有所不同,请查阅当地的报考条件。

(2)省级人事、财政部门或中央单位批准的本地区、本部门申报高级会计师职务任职资格评审的破格条件。

◆ 报名时间

网络报名时间:一般为每年的4月。

◆ 考试科目和考试方式

(1)高级会计师考试科目为《高级会计实务》,科目考试时长为3.5小时,采取开卷方式进行。

(2)《高级会计实务》科目试题题型为案例分析题(开卷考试)。

参加会计专业技术高级资格考试的人员,达到国家合格标准的,方可获得高级会计师资格考试成绩合格证,该证在全国范围内3年有效。通过弄虚作假手段获得专业技术资格的将按中华人民共和国人社部第12号令《专业技术人员资格考试违纪违规行为处理规定》处理。

◆ 考试时间

全国会计专业高级资格考试一般定于每年9月举行。高级资格《高级会计实务》科目的考试时长为3.5小时。

◆ 对比注册会计师、会计职称

(1)对比注册会计师。高级会计师是会计行业的高级专业技术职称,注册会计师是一种执业资格,参加全国统一考试获得全科合格证书即可注册成为中国注册会计师协会会员,分为会计师事务所执业会员和非执业会员。高级会计师偏重会计;注册会计师主要是审计。资深CPA往往是高级会计师,而拥有丰富会计实际工作经验的高级会计师并不一定拥有CPA资格,除非在会计师事务所执业需要,多是大型企业、政府部门高级管理人员,在参加注册会计师考试时可以申请免试相关专业课程一门。随着考试制度的确立,一大批年轻有为的会计复合型人才正在成为高级会计师。

(2)对比初、中级会计职称。

会计职称是会计行业里的一种职称资格,表示财务人员的级别,有初级(亦称助理)会计师、中级会计师(亦称会计师)、高级会计师。现在的政策是,初级中级都需要参加每年的会计职称考试,考试合格得到职称资格;高级会计师除了参加考试外,还需要申请、评定等,比较难。

5. 注册会计师

◆ 考试简介

注册会计师,是指取得注册会计师证书并在会计师事务所执业的人员,英文全称Certified Public Accountant,简称为CPA,指的是从事社会审计、中介审计、独立审计的专业人士。

注册会计师考试是中国会计行业的一项执业资格考试。财政部成立注册会计师考试委员会(简称财政部考委会),组织领导注册会计师全国统一考试工作。财政部考委会设立注册会计师考试委员会办公室(简称财政部考办),组织实施注册会计师全国统一考试工作。财政部考办设在中国注册会计师协会。

各省、自治区、直辖市财政厅(局)成立地方注册会计师考试委员会(简称地方考委会),组织领导本地区注册会计师全国统一考试工作。地方考委会设立地方注册会计师考试委员会办公室(简称地方考办),组织实施本地区注册会计师全国统一考试工作。地方考办设在各省、自治区、直辖市注册会计师协会。

◆ 报考条件

(1)注册会计师专业阶段报名条件:

符合下列条件的中国公民,可以申请参加注册会计师全国统一考试——专业阶段考试:具有完全民事行为能力;具有高等专科以上学校毕业学历,或者具有会计或者相关专业中级以上技术职称。

(2)注册会计师综合阶段考试报名条件:

符合下列条件的中国公民,可以申请参加注册会计师全国统一考试——综合阶段考试:具有完全民事行为能力;已取得财政部注册会计师考试委员会(简称财政部考委会)颁发的注册会计师全国统一考试专业阶段考试合格证并且在有效期内。

有下列情形之一的人员,不得报名参加注册会计师全国统一考试:因被吊销注册会计师证书,自处罚决定之日起至申请报名之日止不满5年者;以前年度参加注册会计师全国统一考试因违规而受到停考处理期限未满者。

(3)注册会计师免试条件

具有高级会计师、高级审计师、高级经济师和高级统计师或具有经济学、管理学和统计学相关学科副教授、副研究员以上高级技术职称的人员(简称免试申请人),可以申请免予注册会计师全国统一考试专业阶段考试1个专长科目的考试。

◆ 报名时间和考试时间

注册会计师全国统一考试境内考生报名时间一般为3月、4月。报名的具体时间在当年中国注册会计师协会网站发布的《注册会计师全国统一考试报名简章》中有规定。境外考生(即欧洲考区)报名时间一般为3~5月。

考试通常安排在每年的9、10月举行。

◆ 考试科目

考试划分为专业阶段考试和综合阶段考试。考生在通过专业阶段考试的全部科目后,才能参加综合阶段考试。

专业阶段考试科目:《会计》、《审计》、《财务成本管理》、《公司战略与风险管理》、《经济法》、《税法》6个科目;

综合阶段考试科目:《职业能力综合测试》(试卷一、试卷二)。

◆ 考试方式

考试采用闭卷、计算机化考试(简称机考)方式。即在计算机终端获取试题、作答并提交答案。

自2012年起,注册会计师全国统一考试专业阶段和综合阶段实行计算机化考试(简称机考)。即考生在计算机终端获取试题、作答并提交答案。特定范围报名人员可选择笔试作答考试方式〔特定范围报名人员是指1967年12月31日前(含)出生的报名人员〕。注意:纸笔作答考试方式将保留至2015年,2016年起取消。

◆ 就业前景

(1) 证书效力。

注册会计师可以审查企业的会计报表,出具审计报告;验证企业资本,出具验资报告;办理企业合并、分立、清算事宜中的审计业务,出具有关的报告;法律、行政法规规定的其他审计业务等。由注册会计师依法执行审计业务出具的报告,具有证明效力。

证书适应人群:准备进入大型跨国企业、会计师事务所("四大")、审计师事务所等从事会计职业的高级人才。

证书含金量:★★★★★

持证前景:作为执业资格系列证书之一,拥有注册会计证书代表你在这个专业领域里具备一定资格,可以从事该专业较为高级别的工作,其证书的含金量也最高,很多企业在招聘中高级财会人员时,明确要求具备此类证书,就业前景非常好。

(2) 职业方向。

在取得全科合格证书后,有两种从业去向:一是进入会计师事务所,有两年审计工作经验后可申报转为注册会计师;二是不进入事务所,可先加入会计师协会,成为非执业会员,非执业会员入会后要参加继续教育,才能使资格永久保留。否则,证书5年后作废。执业证书取得后可以进行注册会计师的本行行业,一般去会计事务所,可进行鉴证。非执业证书以后只可以进入企业单位从事财务经理或总管,但不能进行签证审计。简言之,执业后可以签审计报告,非执业则不行。非执业证书没有执业证书那么全面的权利。

○ 阅读

高端会计师缺口大

目前我国的会计太多,而会计师太少了。目前市场上财务管理类职位竞争异常激烈,普通和初级财务人员明显供大于求,但高端人才却千金难觅。在一项名为中国未来十年紧缺人才资源的调查中,会计师位居榜首,尤其是通晓专业技术知识和国际事务的会计人才更为抢手,毫无疑问,会计师行业将成为未来人气较高的"金领一族"。在国内,现在最为紧缺的当属注册会计师,按照现在的经济发展速度,注册会计师人才供不应求的矛盾十分突出。据有关权威方面的统计,中国内地现在需要懂国际惯例、符合国际需求的注册会计师大约 35 万人,而目前符合要求的只有 6 万名左右,且大多数得不到国际机构的认证。有关人士向记者透露,只要你当上了注册会计师,且拥有一两项国际会计师执业资格,工作基本上是"皇帝的女儿不愁嫁",或许会成为多家会计师事务所争抢的"香饽饽"。

新准则推行会计师面临挑战

会计业分析人士表示,随着中国经济的不断发展以及对外开放的要求,中国在明后两年也将采用国际会计准则编制会计报表。澳大利亚国家会计师公会(NIA)中国首席代表梁海虎认为,由于中国现行会计准则与国际会计准则差距较大,一旦开始推行国际会计准则,很有可能出现中国会计师不会做账的尴尬局面。目前国内会计师队伍特别是注册会计师中还主要是早期考核通过的年龄较大的一批人,而具有较全面的知识结构、熟悉国际会计准则和国际惯例的专业人才则是奇缺。加上国内注册会计师后续教育的机会和渠道少,培训的层次也较低,使得目前的注册会计师获得新知识和提供新服务的能力十分有限。因此,按目前我国的会计师队伍的整体素质情况,国际会计准则的实施将给国内会计从业人员带来极大的挑战。

国际执业资格受热捧

正因为面临如此巨大的挑战,国内会计界已经逐渐掀起了新一轮的培训和认证热潮,而目前从业内传来的声音显示:手握一张 CPA(国内"土生土长"的注册会计师考试)资格证书是前提和基础,拥有一张"洋证书"才是能力和资历的体现。目前广州市场上活跃着 5 种会计师资格证书:ACCA(英国特许公认会计师认证)、AIA(国际会计师专业资格证书)、CGA(加拿大注册会计师)、CMA(美国管理会计师考试)和 CTA(澳大利亚公证会计师考试)。每张证书适应的国家和教学、考试内容都有一定区别,用来适应不同国家的会计制度。而目前受大多数人青睐的是 ACCA。近日,又一项国际会计执业资格——澳大利亚国家会计师协会(National Institute of Accountants,简称 NIA)进入中国,并向申请成为澳大利亚国家执业会计师的会计专业人士开始提供会员和考试、培训服务。据介绍,只需提交申请通过 NIA 评估豁免相应课程,即可获得该项国际执业会计师资格。

专家建议:资格证书"因需制宜"

对于国内的财会人员来说,想要在职场有一个美好的前景,各种资格证书还是必需的。北京交通大学会计系马主任、特许公认会计师公会北京代表处的周先生同时表示,每一种会计资格证书都有自己的优势和不足,要选适合自己的。对于有志在中国从事财会行业的年轻人,建议他们报考中国注册会计师。根据中国相关法规,他有权签署企业财务和审计报告。而从个人晋升和谋取高薪角度看,考国际的注册会计证不失为是一个理想的选择。一个民营企业的会计师,中国注册会计师证也许够用,但该企业如果要在海外上市,而海外上市报表必须按国际会计准则来编制,国内会计师就无法胜任。此外,到跨国企业和较大的会计师事务所工作也需要国际认证资格。

6. 注册税务师

◆ 考试简介

注册税务师是指经全国统一考试合格,取得《注册税务师执业资格证书》并经注册登记的、从事税务代理活动的专业技术人员。注册税务师简称 CTA(Certified Tax Agents),是中国的一项执业资格考试。

依据《人事部、国家税务总局关于印发〈注册税务师资格制度暂行规定〉的通知》(人发〔1996〕116号),国家开始实施注册税务师资格制度。1999年1月,人事部、国家税务总局下发了《人事部、国家税务总局关于印发〈注册税务师执业资格考试实施办法〉的通知》(人发〔1999〕4号),并于当年在全国首次实施了注册税务师执业资格考试。考试工作由人事部、国家税务总局共同负责,考试实行全国统一考试制度,每年考试一次,由全国统一组织、统一大纲、统一试题、统一评分标准。日常工作委托国家税务总局注册税务师管理中心承担,具体考务工作由人事部人事考试中心负责。

注册税务师资格考试合格者,由各省、自治区、直辖市人事(职改)部门颁发人事部统一印制的、人事部与国家税务总局用印的中华人民共和国《注册税务师执业资格证书》。该证书在全国范围内有效。截至2010年底,我国具有注册税务师执业资格的人数已达到86714人。

◆ 报考条件

凡中华人民共和国公民,遵纪守法并具备下列条件之一者,均可参加注册税务师执业资格考试:

(1)经济类、法学类大专毕业后,或非经济类、法学类大学本科毕业后,从事经济、法律工作满6年。

(2)经济类、法学类大学本科毕业后,或非经济类、法学类第二学士或研究生班毕业后,从事经济、法律工作满4年。

(3)经济类、法学类第二学士或研究生班毕业后,或获非经济类、法学类硕士学位后,从事经济、法律工作满2年。

(4)获经济类、法学类硕士学位后,从事经济、法律工作满1年。

(5)取得经济类、法学类博士学位。

(6)在全国实行专业技术资格考试前,按照国家有关规定已评聘了经济、会计、统计、审计、法律中级专业职务或参加全国统一考试,取得经济、会计、统计、审计中级专业技术资格,并从事税务代理业务满1年。

(7)非经济类、法学类大专毕业后,从事经济、法律工作满8年。

(8)人事部、国家税务总局规定的其他条件。

◆ 报名时间和考试时间

报名时间一般设在考试年度上一年的12月份,按属地管理的原则,一般按地区为单位进行组织。

考试时间一般为每年6月中下旬。

◆ 考试科目

注税考试设5个科目,具体是:《税法(一)》、《税法(二)》、《税务代理实务》、《税收相关法律》、《财务与会计》。其中,《税务代理实务》科目为主观题,在专用答题卡上作答;其余4个科目均为客观题,在答题卡上作答。

考试分5个半天进行,每个科目的考试时间均为2.5小时。

◆ 考试方式

考试均采用闭卷笔试的办法。

◆ 就业前景

(1)证书效力。

证书含金量:★★★★★

注册税务师可以提供代办税务登记、纳税和退税、减免税申报、建账记账、增值税一般纳税人资格认定申请,利用主机共享服务系统为增值税一般纳税人代开增值税专用发票,代为制作涉税文书,以及开展税务咨询(顾问)、税收筹划、涉税培训等涉税服务业务。

(2)职业方向。

主要职业方向为在税务师事务所、会计师事务所、企(事)业单位中从事纳税筹划、税务代理、税务咨询、税务顾问以及其他涉税事务的办理等。

其他职业方向为企事业单位中从事会计业务的处理与审计,财务活动的预测、税收实务、分析与决策等。如能通过国家公务员考试,可以在政府税务部门从事纳税征管和稽查等工作。

○ 阅读

会计资格考试之歌

唐太宗李世民曾在一次科举考试结束后,站在午门城楼上看着新进的进士们鱼贯进入朝堂,叹曰"天下英雄,尽入吾彀中",这句话表明科举制将人才充分地纳入到制度之中,为国家所用,会计资格考试也一样,通过会计职称三个级别的考试,会计行业人才济济,遂有会计才子赋"会计资格考试赞歌"一首如下:

会计职业受尊敬,追根溯源有章程。

回首我国成立初,考核评比定职能。

会计人才给待遇,职权职务套职称。

改革掀起经济潮,会计核算育新人。
两制两则新规立,以考代评九二生。
资格考试分阶进,目标是以人为本。
从业资格先入门,职称考试三级分。
初中高级循序进,职业阶梯逐步登。
晨起细读辅导书,夜半勤做习题集。
同事好友共切磋,少年白发同竞技。
题库机考替笔试,公平作答防作弊。
网上系统自动化,报名阅卷重信息。
变革引领高科技,创新评价焕生机。
考试选拔再培育,人才强国固根基。

○ **讨论题**

你还关注过哪些会计考证？

第八节 会计就业

导 读

以会计作为职业你会获益很多,其中最重要的是,你可以了解企业到底是如何运作的。会计领域为从业者提供了不断变化并富有挑战性的工作。所以很多商界成功人士最早都是从事会计工作的,同时,很多大企业的财务总监必须具有会计的背景,在国际500强公司,40%以上的高级管理人员出身财务管理部门,有的甚至出任企业总裁。但问题就出来了:由于企业会计岗位对会计人数需求的局限性,会计专业毕业生不像其他专业毕业生一样可以被批量选择,一个单位或企业一次招聘1～2名会计人员已经趋于饱和,因此会计人员就业选择不能只局限在会计岗位,能找到会计专业对口的就业方向当然更好,暂时未找到的话,要放开眼界,拓宽就业方向。

1. 就业前景分析

在经济日益发展的现代社会,各行各业可以说是五花八门,大量新兴的行业和岗位冲击着人们的眼球,但是为何人们对会计方面的相关工作热度居高不下?下面具体分析一下会计的就业前景。

(1)源源不断地社会需求。

需要会计的地方很多,专业的会计师事务所、各个企业、政府及非营利组织。会计掌握的是一个团体的经济命脉,所以,每一个团体都需要他们。每年新增的企业数以万计,有企业产生就有对会计的需求,所以,会计是一个永不衰退的产业。

(2)企业中的主导地位。

会计部门在企业里绝对是一个核心部门,无论是职工日常工资的下发、年度奖金的发放、出差人员差旅费的报销等都得经过会计的手。所以可想而知,企业的每一份奖金都会有会计部门的一份,在企业里永远不会被边缘化,所谓的那些裁员、待岗永远不用担心。

(3)一技在手,走遍全天下。

会计其实是一门技术,也可以说是一门手艺。会计学培养人才的方式是纵向培养,从初级会计到中级再到高级财务会计,是浑然天成的一条线,每个阶段都是技能和知识的积累,当你掌握了这些技能之后,在任何单位都能很快上手。

(4)就业不择性别。

学工科的女生都知道,由于行业的关系,会受到很严重的性别歧视。由于会计学历来都是女生占主导地位,或者说这就是一门女生的学科。所以在就业的过程中,女生不会像学工科的女生那样遭到很严重的性别歧视。与此同时,男生学这个专业具有的便是性别优势,物以稀为贵,很多单位在招聘的时候,都是能要男生就要男生的。所以,如果男生选择这个专业,那么他的就业情况和机遇,肯定好于很多学工科的男生。

由于职业的特殊性,公司不可能经常更换会计人员,因此财会人员的流动性特别小。通过几次经济危机可以看出,多数企业非会计岗位裁员率平均在50%以上,但财务部门的裁员率一般不超过1%。

一般会计专业的学生毕业出来了,如果没有关系的话,很难找到会计类的工作。但是会计专业的学生就业面很广泛。在工厂可做跟单、仓管、出纳、会计、财务,可以进银行做柜台,可以去会计事务所和税务师事务所当实习生等。目前大多数人考虑考注册会计师来提升自己在行业内的认可,注册会计师年薪不菲,同时越来越多非会计专业的人也在努力追逐此认证。

○ 阅读

我国绘就未来五年会计发展蓝图

日前,记者从财政部获悉,根据国家财政"十二五"时期的有关要求,财政部制定并发布了《会计改革与发展"十二五"规划纲要》(下称《规划》),在回顾和总结"十一五"时期所取得的成绩基础上,描绘了未来五年我国会计改革与发展的蓝图。

未来五年,将在会计管理体系、会计标准体系、注册会计师行业管理体系、会计人才培养选拔和评价体系、农村会计管理体系、会计理论方法体系等六个方面的体系基础上,健全适应社会主义市场经济体制要求的会计体系。财政部会计司有关负责人介绍说,这六个方面的体系相互关联、相互影响、相互促进,共同构成了内涵丰富的中国会计体系。会计管理体系的建立健全对其他会计体系的发展具有重要的基础性作用,会计人才培养、选拔、评价体系和企业会计标准体系的健全完善为其他会计体系提供了重要的人才和技术保障,注册会计师行业管理体系的加快发展为其他会计体系的顺利实施提供了重要的服务保障,农村会计管理体系拓展了其他会计体系改革与发展的新领域,会计理论方法体系的不断完善对其他会计体系的建设具有支撑和先导作用。

上述负责人告诉记者,《规划》主要从八个方面明确了"十二五"时期的会计工作重点。

会计法律法规体系亟待健全。推动《会计法》、《注册会计师法》、《总会计师条例》等的修订工作,制定注册会计师法实施条例,持有中国注册会计师证书的境外人员担任境内会计师事务所合伙人或股东的管理办法,完善会计从业资格管理办法、会计师事务所审批和监督暂行办法、会计基础工作规范等会计规章制度,对夯实会计基础,强化会计执法检查,不断推动会计管理工作法制化、规范化有着重要意义。

会计、审计、内部控制、信息化标准建设工作在"十一五"时期取得了一定的成效,"十二五"时期,我国仍要把完善企业会计审计准则体系,修订事业单位会计准则和制度,健全政府会计准则体系,完善内部控制规范体系,加快会计信息化标准建设,加大会计标准的实施力度,作为适应财政发展改革和市场经济发展的重要工作。

做强做大工作仍将成为注册会计师行业"十二五"时期的发展导向。构建大中小会计师事务所协调发展的合理布局,建立健全标准科学、监管严密的准入制度和退出机制,促进出台行业扶持政策,拓展行业新业务、新领域,加强行业诚信建设和治理机制建设,更好地发挥注册会计师行业在引导资源合理配置、维护市场经济秩序和社会公众利益等方面的作用。

全国会计领军人才培养工程在"十一五"时期取得了显著成效,下一步,我国仍将全面实施会计行业人才规划。加强会计从业资格管理,深化会计职称制度改革,完善会计人员继续教育制度,加快会计领军人才培养,推动会计人才流动配置,强化总会计师地位和职能,推动会计专业学位研究生培养工作,健全会计人员评选表彰机制,全面提升会计人才队伍整体素质,为经济社会健康发展提供坚实的人才保障和智力支撑。

在会计对外交流与合作方面,"十二五"时期还需积极参与建立全球统一的、高质量的会计标准,加强注册会计师行业、会计信息化、会计理论研究等方面的国际交流与合作,持续深化与港澳台会计审计准则的趋同(等效)以及注册会计师行业层面的交流与合作,全面提升我国会计国际影响力。

农村会计工作在"十一五"时期获得了长足的发展。下一阶段,还需加强村级会计委托代理服务,完善制度,健全机构,规范村级会计委托代理服务管理和农村会计基础工作,建立健全财政部门归口管理农村会计人员体制机制,促进农村会计工作更好地为社会主义新农村建设服务。

加强会计理论研究。完善符合中国实际并具有国际影响力的会计理论和方法体系,组建产学研战略联盟,促进会计理论研究和实务工作良性互动,加强会计学术队伍组织建设,搭建会计理论交流平台十分有必要。

会计管理机构和队伍建设工作是会计改革与发展的基础性工作,"十二五"时期还需进一步明确中央与地方各级会计管理机构的职责范围和权限,促进各级会计管理机构与会计工作组织协调发展,健全会计管理机构,充实会计管理人员,定期开展对会计管理人员的教育培训,不断提高会计管理队伍的综合素质。

由于《规划》的制定是一项涉及面广、政策性强的系统工程,在财政部党组的领导下,《规划》的制定经过了深入调查研究和广泛征求意见后最终得以形成。

2. 就业方向选择

我们常把会计人员按工作性质分为四个方向:

第一类是"做会计的",即从事会计核算、会计信息披露的狭义上的会计人员。

第二类是"查会计的",包括注册会计师、政府和企事业单位审计部门的审计人员、资产清算评估人员等。

第三类是"管会计的",即与会计管理有关的政府部门管理人员和其他政府部门及其他非营利组织的会计业务人员。

第四类是"研究会计的",包括从事会计理论和实务研究、会计教学工作的人员。

其实,这也清楚地说明了会计就业的方向选择。

企业会计

企业会计一般分为:财务会计、成本和管理会计、财务管理、内部审计等。

(1) 财务会计。工作内容:登记凭证账簿、编制对外公布的会计报表。财务会计岗位:记账人员、会计员、主办会计(主管会计)、会计主管、分部会计主管、总会计师。

(2) 管理会计。工作内容:成本、费用的计算,预算的制定和执行,部门业绩的考核等。管理会计岗位:车间记账员、成本会计、预算编制员、预算监督主管、资本预算会计等。

(3) 财务管理。工作内容:企业经营资金的筹措,资金运用分析和决策,企业并购和资本运作。财务管理岗位:现金出纳和银行出纳、财务分析员、信用分析经理、风险控制经理、财务部主管、税务会计主管、财务总监(首席财务官)。

(4) 内部审计。工作内容:监督企业资金运用状况,制定和监督内部控制系统,评估企业资本。内部审计岗位:内部审计员、审计项目经理、分部审计专员、审计部经理、内部审计总监(首席审计官)。

(5) 其他会计。工作内容:除了以上内容外的与会计相关的工作内容。其他会计工作岗位:企业信息系统维护员、系统保障经理、仓管员、仓储部经理、工会会计、餐厅会计、营业部收银、夜间审计、债款催讨员、债款催讨经理、公共关系、人事管理、文秘等。

职业晋级:出纳—会计—会计主管—财务经理—财务总监

◆ 内资企业

所谓内资企业是指以国有资产、集体资产、国内个人资产投资创办的企业,包括国有企业、集体企业、私营企业、联营企业和股份企业等五类。内资企业的界定:公司全部股东为国内企业或个人的公司,为内资企业。

内资企业对会计人才的需求量是最大的,也是目前会计毕业生的最大就业方向。但是,其待遇、发展欠佳,新人月薪绝大部分集中在 1500 元左右。很多中小国内企业特别是民营企业,对于会计岗位需要只是"账房先生",而不是具有财务管理和分析能力的专业人才,而且,此类公司财务监督和控制体系大都相当简陋。因此,在创业初期,他们的会计工作一般都是掌握在自己亲信(戚)手里。到公司做大,财务复杂到亲信(戚)无法全盘控制时,才会招聘"外人"记记账。有种可能也不排除:你选择的公司具有极大的成长性,你作为元老在公司壮大以后能分到一杯羹。

建议:内资企业工作任务少,压力小,特别是国企。这就给你很多的学习时间,给你的鲤鱼跳龙门梦想提供了舞台。如果你的学校不是很好,会计专业在国内不是很牛,那建议你选择这些企业,因为可以利用时间,参考注册会计师或 ACCA,既能积攒经验,又能继续努力拿证书。在校期间参加注册会计师考试,有条件的参加 ACCA 考试。前者在一些省市在校会计学生就能报名,而且费用相对低,总共 6 门,考过一门在 5 年内持续有效;后者全面,总共 14 门课程,英文试题,大二及以上就可以报名培训。培训后不仅能掌握国际财务会计操作,更重要的是其课程涉及管理、金融等方面,还能提高专业英语水平。根据调查,上海现有 ACCA 会员年薪在 10 万到 80 万之间,缺点在于报名和培训费用稍微有点高。参加上述两项考试在国内企业(包括外资)中的认可程度非常高,拥有 ACCA 认证因为其知识全面,如果要跳入外企,绝对是再好不过的资质了,在其中的发展也将顺利不少。要想通过关键在于坚持,注册会计师考试的通过率低是出了名的。它对每科(《会计》、《财务成本管理》、《审计》、《税法》、《经济法》、《公司战略与风险管理》)的知识点考查得特别细,ACCA 的培训全球通过率在 50% 左右,成为会员需要通过考试后 3 年的工作经验。需要提醒的是:CBRA 和 ACCA 考试难度相当大,要付出的金钱和精力都很多,请同学们在报名前务必思考再三,避免浪费。

◆ 外资企业

外资企业的外国投资者可以是外国的企业、其他经济组织和个人。外资企业依中国法律在中国境内设立,因此不同于外国企业和其他经济组织在中国境内的分支机构。外资企业是一个总的概念,包括所有含有外资成分的企业。依照外商在企业注册资本和资产中所占股份和份额的比例不同,以及其他法律特征的不同,可将外资企业分为三种类型:

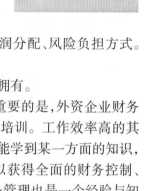

(1)中外合资经营企业。其主要法律特征是:外商在企业注册资本中的比例有法定要求;企业采取有限责任公司的组织形式。故此种合营称为股权式合营。

(2)中外合作经营企业。其主要法律特征是:外商在企业注册资本中的股份无强制性要求;企业采取灵活的组织管理、利润分配、风险负担方式。故此种合营称为契约式合营。

(3)外资企业。其主要法律特征是:企业全部资本均为外商拥有。

大部分外资企业的同等岗位待遇都远在内资企业之上。更重要的是,外资企业财务管理体系和方法都成熟,对新员工一般都会进行一段时间的专业培训。工作效率高的其中一个原因是分工细致,而分工的细致使我们在所负责岗位上只能学到某一方面的知识,尽管这种技能非常专业,但对整个职业发展过程不利,因为你难以获得全面的财务控制、分析等经验。培训机会多是外企极具诱惑力的另一个原因。财务管理也是一个经验与知识越多越值钱的职业,而企业提供的培训机会不同于在学校听老师讲课,它更贴近实际工作,也更适用。

新员工的合理月薪在 3000 元以上,绝大部分外企能解决员工的各种保险以及住房公积金。

建议:要进外企,英语好是前提。如果能通过 CBRA 或 ACCA 考试的几门课程,也能增加一些砝码。外企的面试大都是动真格的,而且方式奇怪。很多同学的专业功底和英文水平都很不错,最后却拿不到 Offer 的原因就在于不适应他们的面试风格。建议大家在网上下载或书店购买一些目标单位的面试资料,提前演练和熟悉,顺便也注意一下应聘其他环节的事项,例如着装和表达等等。最近,法律 + 财会的法务会计也是很受上市公司和外资企业欢迎的人才。

金融机构会计

金融机构主要包括银行、证券行业和其他金融机构。

(1) 银行会计。工作岗位：银行会计和财务部门会计人员（信贷部门人员，贷款审核，信用评估，贷款风险分析，信贷跟踪管理等）；内部稽核部门人员；其他部门人员（信贷推销人员、营业部门人员、财务分析人员、金融产品开发人员理财顾问等）。

(2) 证券行业和其他金融机构。这些单位包括：证券交易所、证券公司、保险公司、基金管理公司、信托投资公司等等。在这些单位担任的会计工作岗位有：会计财务部门会计人员；内部稽核部门人员；其他部门人员（保险精算师、证券市场分析人员、委托理财经理、营业部人员、项目评估专家、保险理赔估价）等。

会计师事务所会计

在中国现阶段的经济体制下，会计师事务所是连接政府和企业的桥梁，所有者和经营者之间的纽带，独立于政府和企业之外，不以盈利为首要目标，具有法定社会职能的第三人。它一方面担负着塑造市场经济微观主体，规范企业经营活动的重任；另一方面又是国家对社会经济进行宏观调控的具体执行者。由于社会经济资源的稀缺性和微观主体经营活动的逐利性，国家总是通过立法和政府制定的财政政策、货币政策、收入政策、人力政策及一系列行政法规实施对经济的调控，而会计师事务所的基本职能就是依据这些法律、法规和政策，对市场微观主体的行为和经营结果进行规范调整，从而使国家的意志在社会经济活动中得到实现，使"法制"过渡到"法治"，"以法治国"转变为"依法治国"，把企业的经营活动纳入法制轨道，最终达到社会资源充分利用和优化配置的目标。

事务所的待遇虽低，且有时加班不给加班费，杂事多，但是在那里能学到很多东西，也能充分得到锻炼。

建议：积累工作经验的最佳场所，在事务所实习过的人员应聘企业会计的成功率相当高。

会计师事务所会计工作内容：

(1) 鉴证服务。鉴证服务是会计师事务所传统和核心的业务，包括审计、审核、审阅和执行商定程序等业务。具体表现为会计报表审计、盈利预测审核、期中会计报表审阅、特殊目的业务审计等。国外有些会计师事务所甚至已将业务大胆延伸到可靠性服务领域，如公证网站的安全可靠、学术奖选票结果、药物实验效果、彩票抽奖结果等。

(2) 税务代理。一般包括代理纳税申报、纳税策划、代理客户出庭。

(3) 资产评估。对受托评估的资产价值进行估计和计算。

(4) 会计服务。会计服务是小型事务所的主要业务，包括代理记账、编制会计报表、处理工资单等。

(5) 管理咨询。2002年后，根据萨班斯法案的要求，会计师事务所要与管理咨询公司分离。管理咨询公司一部分是从会计师事务所分离出来的，一部分是专业的咨询公司。

会计师事务所会计工作岗位：

(1) 见习审计员。

(2) 项目助理。主要从事具体的审计工作，比如外勤收集审计证据、基础数据的分析等较为简单的工作。一般刚进入注册会计师这一行当要在项目助理这个位置工作半年到2年才有可能提升。

（3）项目经理或者资深审计员。主要进行协调和管理工作，并对所负责项目的整个外勤工作负责，包括监督管理和复核项目成员的工作。资深审计员是一个事务所工作的骨干力量，一般要求2~5年的审计工作经验。

（4）部门经理。主要帮助各项目经理计划和管理审计业务，复核项目经理的工作，处理与客户间的关系。一个部门经理往往要同时处理几个项目或者业务。部门经理一般要求5~10年的工作经验。

（5）合伙人（主任会计师）。合伙人是会计师事务所最高层管理者和事务所的所有者。合伙人主要复核审计整体工作，参与重大审计决策。合伙人作为事务所的所有者，对事务所的审计活动和向顾客提供的其他服务承担最终的法律责任。

职业晋级：审计助理—审计—经理—合伙人

企业 PK 会计师事务所，哪个更适合发展？

企业

优势：企业意味着平稳发展，工作强度相对较小，会计从业者可以有更多时间进行职业发展的提升。

不足：小企业资源有限，缺乏专业训练，行业接触面也相对较窄，不利于经验积累。

会计师事务所

优势：会计师事务所代表专业训练，能使会计从业者快速成长，学到许多专业知识和管理理念。

不足：会计师事务所工作压力大，高强度的工作使得很多人难以将之作为终生的职业方向。

○ 阅读

应聘四大会计事务所的经历

从2009年10月起正式开始找工作，直到最近方才定下来，过程之漫长、之劳累、之伤神，罄竹难书。最大的变化是心态，可以说现在的我和九月份的我完全是两个人，现在我再也不想远离父母，奋力闯荡，做女强人，最大愿望是干一份轻松闲适的工作，多留点时间给自己做最喜欢的事，投资、评估真的不是我的菜。大学和找工作耗干了我的精力心神，我不再妄想我的天空有多辽阔。以下是我找工作的心路历程：

大三暑假开始着手做简历，当时还十分生嫩，很多作用不是很大的经历都不好意思写上去，然后搞出一份破简历，还暗自得意和自夸了一下，觉得自己真是个人才，就是块各家争抢的肥肉。搞完简历开始了解我所钟情的企业状况、招聘要求、流程。当时我最喜欢的是普华永道，因此做了很多调查招聘内容的工作，还下载了很多与其笔试相关的材料来练习,可悲的是我在简历关就被刷了,这是后话。对于其他三家会计师事务所我也做了一些工作,当时算是很尽心了。

开学后,学校请一些前辈来做讲座,跟我们分享他们当时应聘的经验,几位到场的现在都在"四大"就职。我当时听了他们的介绍,觉得受益匪浅,信心大增,认为"四大"之梦并不遥远。可是非常悲惨的是,我那四份费心准备的网申只有德勤有所回应,其他三家都非常不给面子,连笔试机会都不给。在此友情提醒:网申时注意浏览器问题,尽量不用火狐、360、世纪之窗,注意公司的要求,使用符合公司要求的 IE 浏览器,我的网申很可能是死在浏览器上。

既然"四大"只剩德勤一家了,那我就把心思全放在这一家上,当时内心还松了一口气,因为其他三家的笔试都要认真准备,而我当时快忙疯了,"注会"刚考完,一般准备公务员考试,开始 ACCA 新一轮的学习,还要找其他工作,所以潜意识里还是很怕面对"四大"的,因为他们任何一家招聘程序都不简单,面试都有些吓人,而我当时完全是一张白纸,根本不知道面试是个什么东西,所以当三家没有给我笔试机会时,我一下子觉得这是天意,是浏览器问题,错不在我,那就不关我的事了。

接着我非常 happy 地等德勤的笔试通知,因为是适值测试,不是专业知识或综合能力测试,所以我内心暗爽地等时间,然后一边做自己的事。还好笔试过了,德勤的笔试一向诡异,没有规律,有些我认为很强的人竟然被刷了。笔试完后,等面试。"四大"的面试除 KPMG 都是小组面,就是分析案例,考察团队精神、组织能力、沟通能力、表达能力等。面试的那天晚上我们有一门专业课考试,面试是下午一点半在南京市新街口金鹰大楼。我早早地赶过去,很不幸,半路上下雨了,我当时穿正装,还没伞,然后我就在淅沥的小雨中保卫我的简历,保卫我的裤脚,现在想想都很悲壮。我们一组在等候区时就互相认识了一下,一个南安普顿海归、四个南大的、一个南师,剩下就是三个我们学校的做陪衬,还互相有点认识。在场外时我们先通了下气,商量好分工和时间的分配。然后我发现其实竞争在场外已经开始了,倒不是说有 HR 会在暗处观察,而是,在场外的讨论中各个人已经在拼命想要主导局势,使自己在进场以前就成为 leader。我们这一组综合实力很强,有一个南大的男生是英语专业的,可是对于这种经济学问题却思维清晰,从容应对。我最佩服的是那个海归女生,可能是阅历问题,在她面前我们都太青涩,其实每个人都会想当 leader,然而怎么才能在这一群想做将军的人中脱颖而出,这不是简单的问题。南师的那个女生在场外的时候也表现得非常强悍,但是正式讨论时她就没能把握局势,想说话而说不上。海归女生却一直思维清晰,主导局势,这样两个人实力上差别是很大的。另一个令我印象深刻的是南大法律系的硕士,他从头到尾都没有做 leader 的意思,很实在地说自己是学法律的,可能在经济学方面很多东西不懂,所以从头到尾都在做自己的本职工作:做记录,写题板,最后陈述。这是一种工作态度,实际上这是职场上最正确的生存方式,所以他进二面了。

我没有进"二面",但是心悦诚服,因为那几个人确实比我优秀很多,我在社会阅历方面十二分的不足,所以平和退场,自此"四大"和我绝缘了。

在此给有志于"四大"的同志们一些建议:
① 讨论时一定要发言,但是不能讲废话,或缺乏明确观点、观点错误;

② 如果不是 Leader 的聊，那就安分的计时，然后做自己那部分的陈述；

③ 不要将自己急于发言的心情表现出来，讨论时表情或语言自然、不刻意组织。

不能进"四大"不能说我不优秀，只能说我不适合，显然我在对"四大"的态度上显示出我是一个抗压能力较差的人，内心不够强大淡定，本质决定我不适合这种快节奏行业。所以我并没有多伤心，很平静地继续我的漫漫旅程，事实证明这种平静的心在找工作的过程中是十分重要的，否则不是被现实拖死，而是被自己的心态拖垮。

其他适合会计人员发展的工作

◆ 市场营销

可在工商、外贸、金融、保险、证券、旅游、房地产等企事业单位从事企业营销管理、客户资源管理、网络营销管理、营销策划、营销诊断、市场调查和咨询等工作。

◆ 物流服务与管理

可在物流企业、工商企业、货代公司、配送中心、港口、货物集散中心和物流基地、物流管理咨询公司及相关行政、事业单位等从事采购、仓储、包装、配送、运输、规划等物流业务运作管理、物流服务咨询与策划、供应链管理以及物流系统规划与设计等工作。

◆ 公务员、教师

会计人考上公务员或被招进高校做老师，和其他专业的人从事这些职业一样，有稳定、压力小的优势，后续的发展要靠自身的不断努力。

◆ 投资理财

通过合理安排资金，运用诸如储蓄、银行理财产品、债券、基金、股票、期货、商品现货、外汇、房地产、保险以及黄金等投资理财工具对个人、家庭和企事业单位资产进行管理和分配，达到保值增值的目的，从而加速资产的增长。

◆ 风险经理、保险经济人

工作内容包括：企业财产风险控制、责任风险控制、经营风险控制。

◆ 公司法律顾问

工作内容包括：策划、股份制改造、兼并收购、企业政策咨询、合同审核、商务结构安排等。

○ 阅读

做会计师很赞的十大理由

（1）客户。你总会遇到一些你喜欢的客户。在我们的调查中，有被调查者就表示说他青睐的正是会计师拥有与不同类型人打交道的机会。

（2）解决问题。毫无疑问，处理并最终解决问题是一件非常让人有满足感的事情。

（3）做自己的老板。即使受雇某个行业或者公司并不能保证你能自雇，但是毫无疑问，会计给了你选择独立经营自己事业的机会，成为你自己的老板。

（4）突破常规。我们的一位同事突破了其家庭职业选择的常规，放弃成为一名商人，进入了会计师行业。会计师职业能提供大量不同的职业选择让你突破自我，无论是在某个具体领域深入挖掘，还是掌握多元的实务能力。

(5) 容易赚钱。虽然许多会计师可能会对这个理由持争议态度,但是我们还是不难发现有一些人认为会计师的性价比还是很不错的。

(6) 帮助处于困境的企业。没有比通过你的工作和努力,让处于困境的企业的财务状况转危为安,并在今后一年里蓬勃向上更让人欢喜的事情了。

(7) 自己的事业＝更多家庭时间。如果是在家办公或者离家很近,拥有自己的会计师事业的又一大益处便是,你会发现你拥有了更多与你爱的人相处的时间(家庭、宠物或者你的各种业余爱好)。

(8) 自我评估季。尽管一些人害怕并讨厌自我评估,但还是不乏一些爱好挑战的人存在。在截止期前把所有事情按时提交所带来的欣慰和成就感能让你觉得一切之前的辛苦工作都是值得的(尤其是当你遇见赏识你的客户时)。

(9) 慈善事业。一些同事说,他们觉得最有收获和最有自我价值实现感的时候是为慈善机构工作时。许多会计师都参与到了慈善事业中,无论是自愿参与并发挥他们的专业技能,还是加入各种本地的体育俱乐部抑或是募捐。

(10) 会计幽默。这点并不令人惊讶,因为没有其他人能像会计师一样拥有独特的"会计幽默",能够时不时地在资产和负债中找到可以吐槽的笑料。

○ 讨论题

你有明确的就业方向吗？为之你打算付出哪些努力？

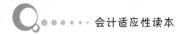

第九节　会计人生

> **导读**
>
> 　　学会计的你乐观。解释：吃这么多苦还能坚持下来，得有多么乐观多么健康的心态呀。
> 　　学会计的你重感情。解释：看透了企业内部控制，见惯了公司合并、破产，更懂得珍惜。
> 　　学会计的你独立。解释：求学路漫漫，我自横刀向天笑，去留肝胆两昆仑。
> 　　学会计的你认真。解释：见微知著，非其莫属。
> 　　学会计的你幽默感好。解释：没事说两条分录，逗乐一下下。
> 　　学会计的你能帮助身边的人排除难过情绪。解释：理性与感性并存，善于分析你经济和感情上的各种问题。
> 　　学会计的你脾气好。解释：脾气不好怎么跟各级税务局交涉呀。
> 　　学会计的你不外在化，重视内心。解释：会计是靠细腻的心思和智慧，不是靠脸蛋吃饭。
> 　　学会计的你能坚守自己的梦想与信念。解释：会计路途遥远，参与需谨慎。
> 　　学会计的你不会变成海藻。解释：将来手里要过的现金、支票价值过亿，见过大世面，怎会为了几个铜板放弃爱情。
> 　　学会计的你懂得浪漫。解释：被报表压抑过久，一点小小的举动就会让其感动好久。
> 　　学会计的你懂得勤俭持家。解释：一个大企业都可以管理，一个家会在话下。
> 　　学会计的你顶得住压力。解释：参考前几条。PS：顶得住压力也是源于信念。

　　会计是一个职业、一份工作，更是一份选择、一种人生。

○ **阅读**

我的会计人生

　　我是一名企业里的基层会计人员。论年龄，我尚无资格去和大家谈人生；论阅历，我也没有权利去点评我的会计生涯。

　　可悉数工作以来度过的十数载春秋，还记得从校园里背出的一袋子会计理论知识和雄心壮志,到跟着老会计人员噼里啪啦打着算盘、认认真真地学做每一项会计业务,再到现在自己也可以独当一面。这其中有过灰心,有过沮丧,也有过成功的喜悦。

十几年的会计生涯让我经历了很多,学会了很多,也悟出了很多。可以说,人生已经和它密不可分了。

时代的脚步在前行,会计人使用的工具也在与时俱进,古老的算盘、不断升级的电脑,还有那强大的财务软件都出现在我的会计人生中。

受益于"传帮带"

我还记得第一天从事会计工作的情形。第一个映入我眼帘的就是摆在办公桌中央的那把算盘。虽然当时单位已经有一台计算机,但放在办公室里更多像一个摆设。因为算盘实在是太便利了,拿过来就用,大家都习惯用它来计算。

但随着会计职能的转变,也不知哪一天它悄悄淡出了我们的视线,电脑已经完全代替了它。有了功能强大的财务软件,我们再也听不到噼噼啪啪的算珠碰撞声了。有时和同事聊起使用算盘工作的日子,还真有些怀念。但这也说明我国的会计行业在发展壮大,会计人也从过去"账房先生"的称谓转变成了现如今的"财务管理人员"。在这个改变的过程中,我不断地学习,不断更新知识,努力跟上新时代的步伐。

我很感谢这份职业,是它让我有不断提升自己的机会,作为一名会计人,我骄傲。

俗话说:师傅领进门、修行在个人。刚刚走上工作岗位的我,并不能把理论和实践很好地结合在一起,雄心壮志和满腔热情敌不过束手无策和手忙脚乱。

频繁出错使我灰心丧气,但幸运的是我遇上了好的领路人。

从资历上讲,他们是老师傅,其实不过是长我几岁的、早几年参加工作的年轻人,他们却把自己积累多年的工作经验和会计知识毫无保留地传授给我,让我很快熟悉了工作,进入了状态。

我们一起加班、一起讨论。

他们教给我的不光是技能技巧,还有对待工作、生活的态度,让我感受到了他们的价值观念、职业道德和人生追求。虽然现代培训手段发达了,互联网、多媒体随处可见,可"传帮带"方式更为直接,更加坚守以人为本的原则,更能焕发一个团队的活力和凝聚力。

"传帮带"的优良传统让我受益匪浅。在会计的人生中一路走来,我也从当时的青涩少年变成经验丰富的老师傅了,"传帮带"让我受益颇多,它"传"给我技能、"帮"着我成长、也"带"出了团队的默契。时代在变,但好的传统不能变,我要继续在会计领域里发光发热,让关爱的种子种到每个人的心里。

"诚"字当头"细"字入手

"诚"字当头,"细"字入手,这是我走好会计人生的根本。这两点是我从十几年的会计工作中总结出来的,既是我从其他会计人员身上看到的,也是自己在实践中体会出来的。

刚接手出纳工作时的一件小事,至今历历在目。在与前任出纳交接时,明明账实相符,可当自己再次盘库时,却少了一分钱,顿时心中一颤,又清点了一遍、两遍……就是找不出这一分钱错在哪里。脑海立刻冒出了一大堆念头:刚开始干就出错,其他会计人员会怎么看我?我是该悄悄地从口袋里掏出这一分钱添上呢?还是向领导"坦白交代"以求

"从宽处理"呢？对于刚走上工作岗位的我很纠结。平静了一会,对自己说再仔细核对一遍。

终于,那让我又爱又恨的一分钱找到了,它就躲在保险柜的抽屉最里面。

虽然,在别人看来这只是一件不起眼的小事,可对于我,却是衡量我职业操守的一个准绳。

这么多年它一直提醒着我,从事会计工作一定要认真细心、一定要讲诚守信。多少个日日夜夜我们为了报表上的一分钱通宵达旦,为了给单位带来更真实高效的财务数据加班加点。我和我的同事们本着对事业高度负责的态度,工作中不敢有一丝一毫的马虎、随便。诚信是我会计人生的信仰所在,细致是我走好会计之路的行为指南。我相信所有的会计人只要把握好这两点,都会在平凡的岗位上做出不平凡的成绩。

我还是要感谢我的职业——会计,它不仅让我学到了很多知识,更让我领悟到了人生的道理。这么多年,不仅朝九晚五的和我相伴,更是我的一种人生信念,它教会我踏实做人、认真做事,让我静思生活,让我不断超越,它已经升华成了一种文化,植入心底。

1. 会计里的生活哲学

在生活中我们可以很形象地这么看:你本人是固定资产,生活是持续经营,反思是内部盘点,那么爱情就是无形资产。如果是暗恋,那是收不回的呆账,如果是错爱,则是高估净利润,只有在对的时间遇上对的人才能结婚,也就是合并报表,那么你的爱人就是实收资本,孩子是应付账款,你们有一天吵架了,那就是坏账损失,要是你不小心感冒了,那就是营业损失了,随着你年龄的增加,你就会有累计折旧。万一产生误会,也就产生了错误分录,不幸因此离婚,就只能破产清算,峰回路转,你们复合了,那是资产重组。此外,回忆是财务分析,读书是长期投资,等等。

综上所述来看,要使生活正常运转,没有固定的资产这个坚实的基础,一切便无从谈起,在有了人（即你）这个生活的主体基础,也就是原始资本之后,要使生活能持续经营下去,就需要经常对走过的路进行反思,常回头看看,时常不间断地反省自己,做好内部盘点。

随着生活的持续,你恋爱了,那么爱情就是你的无形资产,但此时你要注意了,如果你是暗恋,这时就产生了收不回的死呆账,给你的生活会带来损失,精神和物质双层的损失,最后只会无果而终；而如果是错爱了,那你就会不自然的高估你生活的净利润。所以在这个资本积累的过程中,爱情是你生活持续经营关键的一步,只有在对的时间遇上对的人,相互了解和信任,直到最终步入婚姻的殿堂,你们结婚了,这就形成了生活中的合并报表,你的爱人就是你的实收资本。

生活在你们循序渐进的反思和盘点下,良好地持续经营着,有一天你们有了小宝宝,从此你们就要为孩子付出了,毫无疑问,孩子就是你们的应付账款。当然,生活不会平静如水,锅碗瓢盆不可避免地会相互碰撞,如果有一天你们吵架了,你们的生活就出现了坏账损失。再有,人不可能吃五谷不生病,假若你不小心感冒了,需要吃药就医,你的生活经营就产生了营业损失。随着你们年龄的增加,人越来越老,你们退休了,收入相应少了,甚至还会意想不到的增加开支,你的资产会缩水,这时便会有累计折旧发生。

生活本就不是一帆风顺的,有时难免会产生点误会,当误会产生时,也就出现了生活中错误的会计分录,别担心,这并不严重,一旦发现出错,就及时地查找原因,对其错误进行更正,错误的分录改过来了,误会也就自然而然消除了。但如果天不遂人愿,没有做到与时偕行,及时查找原因,更正错误,以致误会日积月累,久而久之,彼此都无法接受对方,不幸分手离婚,这时就会产生生活持续经营中大家都不愿看到的现象——破产清算。

如果此后你们还念旧情,彼此发现自己的不足,进而能做到相互退让一下,最终拨云见日,出现峰回路转,你们又复合了,那又形成生活中的资产重组。

接下来生活的持续经营又恢复常态,周而复始、日复一日地继续。

期间,纷繁复杂的生活会给你留下许多许多的回忆,酸甜苦辣咸,啥滋味都有,而这些回忆,就是你生活的总结——财务分析。

当然了,人活一世,学习自始至终,常言说得好"温故而知新",人活着就要不断学习,活到老就要学到老,人就是在学习中成长,成长中成熟,成熟中发展,不学习就会颓废,而读书学习就是你生活的长期投资。

○ 阅读

特别适合会计人读的5类书籍

操作技能类

有朋友戏说,自己因为在同事中excel操作最好而被委以重任。其实此言不虚,当大家处于相同的平台时,专业技能之外的其他技能就成了决定发展的重要因素了。

(1) excel是财会人接触最多的工具,也是了解最少的工具,众多财会人除了简单的加减乘除外,很少有掌握更多的公式以及其他功能的。

(2) 财会软件是财会人业务处理平台,除了应用,你还有多少了解呢? 当你束手无策而软件技术人员几分钟就能解决,且每年需要支付巨额的软件服务费时,精打细算的你是否内心平衡呢? 或者说,是否意识到财会技能+软件技能让你能够身价倍增呢? 即使不是完全掌握软件技能,但熟悉了解全部的流程,那就能不经意地站在管理者的角度思考问题了。

知识技能类

(1) 财会是活到老学到老的职业,而这种学习来自经济的发展和环境的变化,如最新准则的发布等,所以这类的学习是最及时的。同时,财会人还需要面对众多的考证需求,国内的考证参考教材一般都是与最新的财会准则一致的,如职称考试、注册会计师考试等,所涉及的包含了会计、税法、经济法等一个财会人需要掌握的整体知识,以考代学也是件一举两得的事。

(2) 学以致用。记账只是财会人最基础的工作,除此外还有更多的管理性工作要做,如预算、财务分析、资金管理等,借助这些财务工具来提供管理决策信息,所以此类书是财

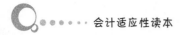

会人更好发挥自己作用的助力器。

沟通技能类

财会人普遍面临一种矛盾的局面,即如何将自己的专业术语以通俗的方式表达出来,以更好地让业务同事正确了解财会的作用。

(1)财会人应该说算单位内掌握较多信息资源的,所以所出具的报告在财会角度来看具有很高的权威性,是否其他人也这样认为呢?就需要财会人有效地来推广自己的工作产品了。你花数年时间学习的财会职业如何通过只言片语形象表现呢?这种类型的书能助你一臂之力,如《财报就像一本故事书》、《跟着笨笨干会计》等,可以对内容拿来为我所用。

(2)专业沟通技能之外,财会更需要的是沟通技巧的掌握。财会是单位的看门狗,站在单位的角度看问题;业务是单位的发动机,站在单位和自身的角度看问题。摩擦不可避免,火花不断出现。是燃起熊熊大火还是化为无形,就看沟通的技巧了。

传统文化类

有知识没文化成了现今职业人的写照,尤其传统文化的缺失让人重术轻道,缺少发展根基。

(1)不管是否承认,你的言行很大程度上受《论语》等古籍的影响,因为其中的一些思想经过千年的发展已经深入你我思想的每个角落了。与现在的快餐文化相比,古文的特点在于韵味十足,短短数语,所蕴含的意思是"思想有多远,你就能想多远"。专家学者对古籍的解读让此类天书变得活力十足,读书是"给思想一片飞翔的天空"。

(2)以史为鉴可以知古今。国的兴衰与单位的起伏有众多相似之处,因为都是人在起主导作用。不妨多读史,对人性有更多了解。

(3)读古诗词让你拥有更多浪漫气息。财会是带着枷锁跳舞的职业,长此以往头脑不自觉地被束缚,因此有着"秃头+眼镜+套袖+呆若木鸡+面无表情"的职业形象。古诗词是让思想跳舞的一项运动,不仅拓宽心扉,更由此引出更多的工作思路,守正出奇。

管理技能类

不想当将军的兵不是好兵,同样,不想走上管理岗位的财会人不是好的财会人。

(1)管理是由美国一个叫德鲁克的老头组织成体系的,称为管理学上的开山鼻祖,其生前的一系列论述即使到现在都闪耀智慧的光辉。不可不读,不可不系统读。除了管理学开创者的著作外,还有很多发展者,如根据各国的实际经济、文化条件有效的改良,以惠及更多的企业家。

(2)幸福的家庭都是相似的,不幸的家庭各有各的不幸。管理部门、管理企业也是这样,当事人更有发言权,旁观者可借此"有则改之,无则加勉"。如杰克·韦尔奇的《赢》是其多年管理思想的一个总结,还有众多国内外的企业家的著述,读之可放宽眼界,与先行者进行用心交流。

会计在生活中凡此种种。

由此可见,会计与你的生活息息相关,密不可分,渗透于你生活的点点滴滴,要想达到生活持续良好并经营下去,你就应常反思,勤盘点;少误会,多谅解;学习中总结,总结下提高。只有这样,生活才能越过越美好!

会计——我一生的事业和追求

突然决定写这文,主要是想对我已经历的9年会计工作做一个总结,同时也留份纪念,更期望能督促我在今后的会计工作中奋发成长和进步!

相比起很多名牌大学会计专业的学士、硕士生来说,我的起步算是很低了,我只是一所普通大学"成教学院"的成人教育二年制的专科生,而且当时选择读会计也并非我自己选择的,所幸的是入学后,我竟发现会计学科很有趣,而且还挺适合我这个读书时数学能考满分的女生。工作后,我在9年的时间内能使自己从月薪900提高到月薪9000,也许这种提高在深圳这个物欲横流的环境里根本不足挂齿。但对我来说,这一切的意义非常重大——其中包含了我对会计工作一步一个脚印的付出和追求。

我的9年职业生涯是由3年、3年、再3年三段时间组成的。

第一个3年:我从二年制的成教会计专科毕业后,用心写了份没有任何工作经验的自荐信谋到第一份工作——在一家港商独资企业的电脑部专开销售发票。月薪900,是当时公司内文员级别的工资。那是一份单调又重复的工作,完全跟机器人一样照着设好的程序录数字。空闲时间也相对较多,我借机充分利用时间学习,第二年便考到了"助理会计师",同时在公司内我也不只是限于自己的工作内容,还会不时地去了解"仓库的物料成本"及"报关组的进出口业务"。"助理会计师"的职称帮了我很大忙,很快我就申请调到了财务部门,那是我第一次接触会计工作。至今我都很感谢那位财务总监,她当时在公司算是较有权威的女强人了。她不仅给了我财务工作的机会,而且在后来的日子内毫无保留地教了我很多会计实务。由于接触了较多较为重要的财务工作(如物料成本及报关业务),第二年我又考到了国家统一考试的"报关员"证,这时工资也有了较大提升。

第二个3年:我初为人妻人母,差不多有近一年的时间完全奉献给小孩和家庭。当时不知有CPA,没考很是可惜。在家一心养育小孩到半岁后重新找工作,当时我的目标是小公司的财务主管,但没想到找到了一份很具挑战的会计工作,在一家港台合资企业工作,这是一家新开的公司,我几乎在与公司同步成长。从早期创立申办企业的工作开始一路到"建新账"、一般纳税人申请认定、再到注册海关第一份"进出口合同"并申请成功,从财务部门当初的2个人(我和出纳)发展到最后的"财务和报关部"的十多人全部由我一人主管。那是一段最具成长的经历,所有没经历过的实务,我自己都先全过程地经历一次后再交助理去办,从税务到报关到外汇再到公司内部的物料成本等,我都是一一去熟悉、去处理。会计工作的实务水平得到了很大提升,同时由于我极强的责任心,也很受公司内最大股东港商老板及老板娘的肯定。他们对我很信任,各方面的福利在内地同事中都排在了前列,当时工资就有6000多。但由于是港台合资企业,港商和台商就业务及多方面都有很多意见不合,这也使得我们的一些工作做起来复杂了很多,我身处其中也感到有些累,加上自己本身个性较强,于是在所有同事的看好中毅然辞职离去。当时我的港商老板及老板娘极力挽留我,并要安排我到他们广州自己的独资企业做财务经理,但由于我家在深圳最后还是放弃了。最后他们说:"我公司的大门永远都对你开着,只要你愿回随时随地都行!"只有我自己最清楚,能得到这份信任全得力于我工作时出色表现。最后,我还是毅然选择了离开。

第三个 3 年,也许是更长时间:就是我现在的工作。在一家不大不小的港商独资企业任财务主管,对内直接对老板负责,对外领着"几位助理"负责公司所有的会计实务及报关实务。我体会到做规模不大的公司财务很能学到全面会计实务,这对会计工作的成长有很大的推动作用。由于有了一些较为全面的实务经验,我处理现在的工作还算得心应手,况且我一直都很具上进心,做事也较积极主动和认真负责。我同事曾说我办起事来像"老虎扑食"!所以现在很受现任老板的重视,待遇在同规模公司的同行中算很不错了,平时还有安排公车专程接送我上下班。但我不会满足现状,还在不断地学习,去年考到中级职称,同时还在考 CPA,如有机会我还打算进取 ACCA,"活到老,学到老"是一种乐趣,也是对自身的不断提高。

我想我一定会把会计当成我一生的事业去追求的。我相信:我们每个人只要认真用心去活,生活一定会回报给你的!最后祝所有会计同行们及每位认真生活的人都生活美好幸福!

选择会计职业,就选择了你的会计人生。会计人生路上,有辛苦,有辛酸,但更多的是努力和快乐,对会计的追求从未懈怠。

羽翼初长至丰满

春天,总是一个让人充满想象的季节,阳光的温暖甚至让我暂时忘记了辛劳的工作。一年四季,我的会计人生就在这不断更迭的季节中一路走过。

羽翼初长

时光荏苒,作为一名平凡的会计工作者,转眼投身会计工作已有 22 个年头。

回首往事,平凡中又有不平凡,说它平凡,是因为我走过的是一个普通会计的成长之路,没有干出什么惊天动地的大事来;说它不平凡,是因为有幸见证了财政的改革发展之路。

参加工作之初,在学校虽说学了些理论知识,可是没有经历实战,对如何做好业务工作脑子里一片空白。在老会计手把手指导下,我从编制会计凭证、记账、出报表开始起步,不会的就看老会计以前年度的记账凭证,依葫芦画瓢。那时没有电脑,算盘就是当时唯一的计算工具,销售明细账(20 本)、原材料账(16 本),每天我都认真记账,在月末的时候及时结账,保证账账相符。为了全面了解财会业务,我不惜时间反复实践,别人做,我就看、问,别人下班,我就继续干,这样日复一日,经过几年的磨炼,我终于把书本知识与实际工作较好地结合起来,基本熟练地掌握了会计的各项核算,从一个乳臭未干的书生成了一个羽翼初长的会计。

1993 年会计制度改革,是一次划时代的会计上的变革。当时我刚毕业,比较有时间,单位派我学习新的会计制度。在学习中我接触了许多会计行业的老前辈,他们丰富的经验和正直的品格以及对人生独特的见解让我在职业的选择上坚定了自己的信念,同时,我对专业的精通得到了他们的肯定、鼓励。回到单位后,按新的会计制度,我把单位的账目和报表做了相应的合理设置,领导对我的工作很满意,自己也干劲十足!当年的我就是趁着这股热劲报考了会计专业技术资格考试,一路走来,终于取得了高级会计师资格。

我的学习内容虽然在不断发生着变化,却全然不觉得累。知识给了我充实的生活,使我明白了人生的短暂和时间的易逝;知识给了我生活的勇气和自信,给了我立足社会的资本。

工作百味

2002年,为了从源头防治腐败,配合财政体制改革,沈阳市大东区成立了财务集中管理办公室。我作为改革的一名直接参与者,也品尝了其中的酸、甜、苦、辣。

苦——改革工作千头万绪,没有成熟的模式,没有成功的经验,从凭证的设计,到各个工作的流程,我们全体工作人员都认真谋划,力求完善。

辣——在推进过程中,有的单位不理解,少数基层领导认为束缚了他们的手脚而不支持,有阻力,有压力。经常是你讲政策性,他说特殊性;你讲规范性,他要灵活性,所以监管中的碰撞时有发生。但在局领导的支持下,我们加大宣传力度,循序渐进,使大家由不理解到支持和投入到改革中去,使改革得以平稳、有序运行。

甜——改革实施几年来,收支得以规范,保障得以加强,工作效率得到提高。特别是联网核算,会计扔掉了算盘,全部用上电脑,有了传真机、打印机、复印机等现代化的办公设备,这在过去是想都不敢想的事。甩掉了手工账,实现了电算化,会计人员的生产力得到解放,信息化、网络化助推了财政管理的科学化、精细化,我们可以有更多的时间和精力投身于服务经济发展大局中去。

这些年来,每天坐在办公桌前,或结账,或对账,或讨论账,我都是神清气爽,很清楚自己的职责,不带有任何的私人感情。

一笔笔的现金和账务从我的手中经过,一张张的单据和凭证经过我的抚摸都变得整整齐齐、妥妥帖帖。打开卷柜,看见它们那么听话地躺在那里,我心里就有很快乐的感觉。一本本字迹干净和工整的账册是我认真和坚韧的最好证明,每逢看见它们,一种说不出的自豪感油然而生,这是我辛勤劳动的成果!每逢查账和行业检查,他们的赞誉,以及在询问中我有条不紊地做出令人满意的回答,都让我在回味时有一种成就感,我甚至常常悄悄地对自己说,行啊,你就是一名合格和称职的会计!不过还要加倍的努力,只有努力学习,并不断用成绩来肯定自己,才能体会生命的意义。

我也知道自己只不过是在会计的道路上迈了一小步,但我觉得,生活着、奋斗着,就无愧于自己的人生!

2. 细节成就完美人生

会计职场中,会计们从步步惊心到步步为营并不难。只要诸位会计们能在平时的工作中认真贯彻几点原则,不但可以轻松完成工作,而且由于时间充沛,更可能将工作完成得漂漂亮亮,一起来对照并学习自己的工作习惯吧:

出色会计人习惯一:让桌面永远保持干净。

这可以说是最容易做到的一件事,但又是坚持下来最困难的一件事。桌面上杂乱的文件、记事本,电脑上厚厚的尘土,乱丢的签字笔,会让一切看上去都毫无头绪,负面的情绪稍一累积,就会勾起惰性的滋生。

会计给其他人的第一印象,应该是干练、思路清晰的,你的办公桌面就是你性格的体现。

出色会计人习惯二:做个能把公司照看成小家的人。

办公室里总有些另类人,把一切都打理得井井有条,办公隔断内生机勃勃,有花有草有小鱼;桌面上永远一尘不染,连鼠标都闪闪发亮。另类人之所以另类,他的高明之处在于坐在如此整洁舒适的小小天地里,便会油然而生一种对工作的依恋之情,一花一草一桌一椅,都可激发他的工作状态。

能把公司照看成小家的人,一定特别愿意提早来上班,先从给花草浇浇水、喂喂小鱼,营造清新整洁的环境开始一天的工作吧,这也是提高主动性的小窍门。

出色会计人习惯三:关于一杯咖啡时间。

有时候,我们认为把自己的工作分摊出去,不免有"支使"他人之嫌,即便把工作交给了别人,但由于个人理解与处理问题的角度不同,他人所做的工作汇总到你这里时,你会遗憾地发现,你们好像说的根本就是两回事。你可能因此而后悔当初不如自己把事情干了算了。

且慢,埋头苦干似乎真的不太吃香了!当下一个任务下来时,你可以召集大家开一个小会,把自己对任务的理解面对面、最大限度地传递给合作者。在整个项目的进行中,你需要做的也许就是找出一点空余时间,和每一个项目执行者一起喝杯咖啡!

这样做,好处是可以让大家都有时间去处理每个人手上的要完成的工作,又能及时地沟通,随时调整彼此支持力度的侧重点。

出色会计人习惯四:开门见山地陈述观点。

在这个竞争激烈的职场上,和你一样具备了相当专业实力的人实际上很多,在素质相仿的一群人中,抓住机会脱颖而出,才得获得更好的发展空间。拐弯抹角或耐人寻味的提问方式虽然可以使人觉得你含蓄和温和,但它的反面代价也是巨大的。

出色会计人习惯五:事业成功的人往往耐得住寂寞。

在那些看似程式化的进程当中寻找到快乐,他们是善于自我控制的人,可以让时间听从自己的安排。对于我们每一个人来说,每当遇到那些不情愿做又不得不做的事情时,避免自己拖延完成的最佳办法就是"按部就班地行动"来完成它:从接到任务的第一时间起,在自己的行事历上用醒目的符号标注出截止的日期,并把任务均匀地分配在日程之内。

出色会计人习惯六:避免惰性造成先松后紧。

这样做,不但每天可以轻松地做完部分工作,而且由于时间的充沛,因而更有理由把当天的这一部分工作组织得非常完美。因为有惰性的人一定是先松后紧,最后让自己慌手慌脚地把工作敷衍了事,那样的效率与业绩,是不可能超越一贯按部就班地行动的人。

出色会计人习惯七:一个人的自信是非常有渗透力的。

因此,不管你自认为多么谦逊,也请不要在会议上说类似我的想法不成熟,只是提议大家参考一下诸如此类的话,那会使公司上下的人在内心里给你打上不信任的分数。一个人的自信是非常有渗透力的,所以在你需要把自己的设想与观点摆在桌面上时,开门见山、少兜圈子会为你赢得主动权,奠定自己在高层心目中的地位。

出色会计人习惯八:3分钟之内结束私人电话。

谁也不能避免在上班时间接听几个私人电话,但到底有多少人能控制自己在和朋友家人沟通完正事后,不接着开始无边无际的闲聊呢?一天的工作时间就那么长,学学那些为自己制定了规矩的职场先锋吧。

出色会计人习惯九:私人的事情难免会影响你的情绪。

比如,约定自己的私人电话时间绝不会超过3分钟。原因是私人的事情难免会影响你的情绪,不管是愉快的,还是不轻松的话题,都会让自己暂时脱离工作的状态。所以,在3分钟之内结束,避免自己被琐事干扰,对自己和工作都是一种负责的主动态度。

○ 阅读

做会计,悟人生

一步一个脚印

财务工作是需要脚踏实地的,一步登天的可能性极小。从刚开始工作到财务总监,必须经过长时间的积累,不断地进取。因此,要想在财务工作上有所发展,必须踏踏实实地做好手头现有的每一件事情,万不可急于求成。同时要制订好长期目标,为自己的职业发展指明方向。做人也得如此,三天打鱼,两天晒网,眼高手低,是办不成什么大事的。务实在每个地方都挺实用。

忌讳:一味埋头苦干,没有任何目标。

知错就改

财务工作很繁琐,不可能不出错。出错不要紧,要紧的是在知道错了以后要尽可能补救,并勇于承担错误、改正错误、总结教训,预防错误再次发生。人生几十年,也不可能不犯错。"人非圣贤,孰能无过",只是君子做人,当敢作敢为,知错即改,为时不晚。知错不改,或是隐瞒错误,甚至将错误推到他人身上,则是大不善。

忌讳:同样的错误,一而再,再而三地重复出现,就有问题了。

谨慎小心

财务工作在任何一个公司、一个集体内都起到至关重要的作用。在财务工作中,尤其是在有些报表中(如资产负债表、现金流量表),相差一分都是不允许的。所以,从事财务工作,必须加倍小心,慎之又慎。一件事情做完后,必须再仔细检查审核一番,力求万无一失,方能保证财务工作的顺利和完整。做人亦是如此,君子当三思而后行。害人之心万不可有,但防人之心也不可无。

忌讳:谨慎不等于不自信。只是在完成任务的同时,当消除杂念,全神贯注。如果对自己的能力丧失信心,即使再谨慎,也有可能漏洞百出。

好学好问

财务知识永远也学不完,做到再高的职位,也依然存在很多不懂的地方。在工作的时候,要多问、多练、多总结,只有这样,才会不断地提高业务处理能力。孔子说:"三人行,必有我师焉。"任何一个人,总有他自己的优点。只要是优点,我们就要学习。取彼之长,补己之短。

忌讳:分不清好坏,一概学之。

目标长远

财务不是简单的打打算盘、记记账,它涵盖了非常广的内容。包括账务处理、税务筹划、财务分析、成本监控、企业理财、财务预算、进出口贸易等等。要做好财务,须制订自己的长远规划,顺着这个方向,一路坚定地走下去,就一定会成功。人生也不能没有目标,失去了目标,就如同一具行尸走肉,毫无意义。

忌讳:制定的目标不切实际,或者太高太空。长远的目标要靠一个个短期目标构成,一点一滴的积累。

搜集信息

财务涉及的知识非常广泛,包括税法、会计准则、会计制度、经济法等,这些法律法规在不断地变化;财务涉及的交际范围也很广阔,在内和每一个部门都要合作,在外要和税务机关、工商管理、海关、外汇局、劳保机构、银行等机关团体打交道。因此,大量的信息是财务工作的保障。除了财务相关的知识外,还必须了解时政要闻、经济政策和国际形势等。个人的生活空间也不能封闭,那些信息来源广泛、信息传播迅速的人办事会更加顺利,而信息封闭的人则效率慢得多,道理就在其中。

忌讳:传言和流言蜚语不要轻易相信,任何信息都必须有合法合理的依据,道听途说的信息是无价值的。

下一个财务精英就是你

我受东奥论坛"重新做人"的邀请,写一点东西,说一下自己对财务行业职业规划的理解和看法,所有想法只是代表个人观点,仅供大家参考。

1998年我在山东临沂结束了高中三年痛苦的生活,山东临沂地处沂蒙山区,是革命老区,从小就受到了"不好好上学,就面朝黄土背朝天回家种地"的熏陶,现在回想起来,高中的三年很苦很累,高考前一个月突发胃出血,直接影响了高考成绩的发挥,成绩不佳,郁闷失意中在高四的复读班上了一周的课后,居然得知在遥远的吉林有个专科学校居然给寄来我录取通知书,财经系会计电算化专业,其实,那个时候不管什么学校,不管哪个专业,只要能够离开"高四",上刀山下火海我都干,一直都忘不了抱着书本走出教室时同学们的那种孤苦伶仃的无助的眼神。就这样,从小到大第一次独自离开家开始了漫长的东北6年之旅。

我大学就读的学校在吉林市,是一个名不见经传的学校,而且还是以工科为主,财经专业属于小弟,一副弱不禁风的样子。现在回想起来,大学的三年,基本上就没怎么认真上过课,过的全是浑浑噩噩的日子,对于自己的专业会计,更是一窍不通,一到快考试了就请老师和辅导员吃饭,以求不要被抓补考,大多时间都泡在学生会里,说实话,现在一回想起来,真是肠子都悔青了。2001年7月大学毕业以后,机缘巧合,去了吉林市的一家大型国有企业——吉林化建,这家企业规模很大,一家大型集团公司,跟新中国同龄,100多名财务人员,人员流动性很小,完全延续了老国有企业的作风,要想当个财务领导,最大的秘诀是"熬",什么时候把你的领导熬退休了,你也可以当领导了。我那个时候最大的心愿是今生可以考完会计师,当上我们单位会计科长。现在想来非常可笑,但那个时候,确实是自己的梦想,我那时候的主要工作是跑资金,也没有具体接触实际的账务操作和处理方式,时间继续在荒废,直到我遇到了北京中证国华会计事务所的几个大哥。吉林化建是中石油的三级公司,年度会计报表需要纳入中石油的合并范围,每年中石油都要指定会计事务所来审计吉林化建。2002年冬天,第一次见到中证国华的几个大哥,受化建财务总监的委派,协调事务所对我们集团公司下属子公司进行审计,每天的主要工作就是陪吃陪喝,虽然没学到什么东西,但确实跟事务所的几个大哥成了好朋友,审计结束后他们回了北京,但彼此都有对方的电话号码,在 2003 年里,逢年过节发个短信,平常时候打个电话吹吹牛等。2003 年的冬天,又是这几个大哥例行审计中油化建,我依旧陪同,那个时候已经成了无话不谈的好兄弟。终于在 2003 年 12 月 26 日的晚上一次酩酊大醉说了很多掏心窝子的话,这几个大哥介绍我去了北京中证国华会计师事务所,开始了自己职业生涯的新起点。

会计师事务所的工作从 2003 年 12 月份开始,一直工作到 2006 年 7 月份回山东临沂,正是这几年会计事务所的工作经历,开阔了自己的眼界,让我知道了行业的发展空间,也让自己切切实实地明白了自己原来真的是"井底之蛙",跟同事一起讨论问题,人家都是这师那师的,自己啥都不是,每逢讨论问题,只有听的份,根本没有插嘴的份,说实话,那段工作经历狠狠地刺激了我,在痛定思痛中开始反思,既然自己选择了财务行业,那么自己在财务行业的定位到底是什么? 一直都是打杂么? 到底采用什么方式才能改变自己的处境呢? 最终自己选择了学习,但事务所的工作太忙,一年得有 8~9 个月的时间在出差,只要出差,时间就不固定,学习的计划会被打乱,很是矛盾。2004 年~2005 年的注册考试全部归零,颗粒无收。到了 2006 年 7 月,父母日渐苍老,弟弟妹妹要成家立业,自己也要组建家庭,在无数次的反复考虑以后,选择了承担自己需要承担的家庭责任,从会计事务所辞职回到了山东临沂。

成家以后,在临沂也待过几个企业,但大多昙花一现,口头原因是内心适应不了民营企业的管理模式,实质原因是自己希望在尽可能短的时间内在学习和考试上能够有所突破。2009 年,自己选择了辞职,全职备考,在家闭门学习 7 个月,那 7 个月,自己经历了足够的煎熬,自己失业,至亲精神分裂,但不管怎样,自己算是坚持下来了。那个时候的考试,出自一种本能的意愿,希望可以通过考试提升自己,获得更好的职位和更多的薪金,为家人创造更好的生活条件,日积月累,厚积薄发,2006 年至 2011 年,终于考完了会计师、经济师、审计师、注册会计师、注册税务师、国际注册内部审计师等,2012 年至 2013 年继续折腾注册资产评估师、企业法律顾问、房地产估价师等。

随着学习的日渐深入,自己的工作也有了新的变化,在 2009 年 9 月份进入了临沂当地一家大型汽贸集团公司担任审计部负责人的职务,负责集团的内部审计,随着获得证书的增多,年薪也从一年 4 万到了 10 万或者更多。随着工作的继续深入,对于职业的困惑也在日渐增加,没考完的时候觉得考试重要,但考完以后觉得还有比证书更重要的东西,到底是什么,自己也说不清楚。后来偶然的机会,自己接触到了中国的国学,也就是中国传统思想文化,听了很多老师的课,比如翟鸿燊、于丹、清华大学的张国刚老师,长春的金海峰老师,以及我的老师金刚上师,"读万卷书不如行万里路,行万里路不如阅人无数,阅人无数不如名师指路",确实是的,自己也慢慢明白了,原来,人在社会上安身立命,靠的是三基石,知识、能力和品德;知识是学来的,能力是练出来的,品德只能靠修,品德最重要,能力次之,知识再次之,品德可以弥补智慧的不足,智慧永远弥补不了品德的缺陷。我们在学习和考试的过程中,学到的,大多都是知识,而且有些知识,实务工作中是用不到的,考试的过程,锻炼不了沟通能力、协调能力、语言表达能力、领导能力,更修不来品德,从这个意义来说,学习没什么用。但如果换个角度,如果能在学习的过程中,让自己的心

静下来，跟自己的心灵对话，明白自己的选择，并能在任何条件下坚持自己的选择，养成学习的习惯，培养在实际工作中分析问题、解决问题的能力，则会从学习和备考的过程中受益终生。只有基于这个立足点，才能理解"学而时习之，不亦乐乎""大学之道，在明明德、在亲民、在止于至善"，只有在学习过程中真正体验到"以学为乐，贵在坚持"，你才算是真正触摸到了学习的真谛。在学习的过程中，自己继续从事集团内审的工作，每日无休止的重复劳动，一遍遍的琢磨内外账分设等明知不可为而为之的事情，有的时候跟单位同事说起学习过程中的点点滴滴，感知的更多都是"隔行如隔山"，现在的社会，能够在学习上执着的，又有几人呢？加之自己性格过于耿直，很多时候都想说实话，不是很受欢迎，一气之下，2011年7月选择了离职，那时候本来打算集中全力考注册资产评估师的，但计划没有变化快，在家里人和朋友的支持下，自己创办了"临沂天勤会计学校"，冥冥之中自有天意，上课也许很累，但只有在这个平台上，我倡导的快乐学习才会得到朋友的认同，很短的时间内，天勤的周围聚集了很多很多热爱学习的朋友，大家相互支持，共同努力，一起走在学习的路上；天勤学校也成功地申请成了东奥会计在线在临沂的代理商，学习卡的销售已经突破20万，未来的日子，我们会继续努力，但行好事，莫问前程！

啰啰唆唆说了很多，关于财务人员的职业规划，有个数据需要引起大家的关注，根据财政部会计资格评价中心2010年11月19日发布的公开资料，中国目前现有财务人员1000万人，其中初级职称268万人、中级职称131万、高级职称9万，其他592万只有会计从业资格证，没有任何职称，从规划目标和市场实际需求来看，中高端会计市场需求强劲，具有广阔的职业发展空间！

汇总来说，如果你想在财务行业谋得一席之地，第一，必须要学习，而且是长时间坚持学习，发自肺腑地喜欢上学习，而不是为了学习而学习，一定要养成学习的习惯，内心认同"以学为乐、贵在坚持"的理念。第二，在三基石上下功夫，锻炼自己的能力，修炼自己的品德，提升自己的层次和高度，扩大视野，增加知识面。对于目前工作的选择，无非有两个基本立足点，一个是满足自己的生存需要，二是满足自己的职业发展需要，在我看来，第二目标更为重要，做出了选择以后，需要在任何条件下都坚持自己的选择。学习的道路上，没有失败的，只有放弃的。

有一大群小青蛙，一天在外面玩着玩着，看见一个高耸入云的铁搭，小青蛙们就在一起突发奇想，说我们能不能爬到塔尖上去？然后，大家都很受这个理想感召，就一呼百应，呼朋唤友地开始爬了。爬着爬着，被太阳晒得体力不支的，有的小青蛙就开始怀疑，开始质疑，说：我们傻不傻啊，我们这是在干吗呢？为什么要爬啊？这是谁说要爬的啊？！说着说着，有一个停下来，有三个停下来，有五个停下来，有五十个停下来……逐渐逐渐，大家都停下来了，而且都在嘲笑自己的想法，说真是挺傻的，这是干吗啊？在这个时候大家发现，很奇怪啊，有一只最小的青蛙，还在爬，速度也不快，就一点一点往上爬，大家瞠目结舌，都不说话，就看着他，终于看见这只最小的青蛙以缓慢的速度自己到达了塔尖！等小青蛙下来以后，大家都敬佩得不得了，纷纷请教经验。什么样的力量支撑你自己上去了呢？然后，大家恍然大悟，原来这只小青蛙是一只聋子！

这只聋子小青蛙，当时只看见大家在一起行动，大家议论、动摇的时候，他根本就没听见，以为大家都在爬，他就一点点坚持爬，最后就成了一个奇迹！

在这个世界上,有时候做一个有信念而不太聪明的人,也许是一种选择!我们就是因为太聪明了,所以聪明反被聪明误,我们为什么会听信他人的鼓噪呢?为什么爬着爬着对自己怀疑了呢?是因为我们心里头没有一个信念!没有认为这个事情我自己一定能做成,所以会受到他们蛊惑。人人都希望过上幸福快乐的生活,其实,幸福快乐只是一种感觉,与贫富无关,与内心相连!

人的一生,两个事情,做正确的事情,正确地做事情,我们都好好领悟吧。

如果别人工作你也工作,别人聊天你也聊天,别人逛街你也逛街,别人娱乐你也娱乐,那么别人得到什么,你也只能得到什么,别人的今天一定就是你的明天,要得到别人得不到的东西,就得付出别人不愿付出的东西,这种付出,既有体力也有精神,还有意志和坚持!

○ 讨论题

你的会计人生怎么规划?

第十节　会计展望

> **导读**
>
> 会计行业以其低风险、高稳定、需求大、薪资高等特点,被称作"金饭碗"、越老越吃香的热门职业,是今后30年国家重点推动的行业。无论是从最基础的记账、出纳,还是到更高级的财务分析和经营决策,会计都充当了不可或缺的作用。随着社会经济的高速发展,会计行业已经开始和其他的专业慢慢融合从而产生了很多新职业,这也为以后会计人员的发展提供了更多的选择机会。

经济越发展,会计越重要。会计的发展有着如下趋向:
(1) 会计学科正向边缘学科和综合学科的方向发展。
(2) 会计实务和会计原则不断趋于国际化、标准化。
(3) 会计正在从静态核算向动态核算与控制的方向发展。
(4) 微观的企业会计正向微观会计与宏观会计相结合的社会会计过渡。
(5) 会计正在以货币为主的计量手段向采用综合计量手段与货币手段并存的阶段过渡。
(6) 会计以计量有形资产为主向计量有形资产与无形资产并重的方向发展。
(7) 会计原则(规范)的制定趋向于政治化。
(8) 从重可靠性到可靠性与相关性并重。
(9) 从单一报表体系向多元报表体系转变。
(10) 由会计电算化迅猛地向会计信息化转变。

这样的一些变化,给了会计从业人员无限挑战,所以我们说,会计人生是精彩的,因为时刻充满挑战!

○ 阅读

企业会计需求从管账走向管理

2011年,中国银行相关部门曾发出通知,要求对考过美国注册管理会计师(CMA)的职员给予8000元奖励并优先提升。国资委也下发红头文件,在各大央企、国企选拔100名财务人员参加CMA的培训与认证。而IBM、西门子、联想等跨国企业在国内招聘财务高管时都标明"CMA优先",中石油、中国移动、北汽福田等众多企业的财务高管也都已经考取或正在考取 CMA 证书。国际管理会计师认证受到了国内外企业的高度重视。

CMA，国内受追捧！

据 IMA 授权的首家全国战略合作伙伴优财公司教务主任 Sandy 介绍，CMA 即美国注册管理会计师，是由美国管理会计师协会（IMA）设立的专业资格，在全球 130 个国家得到认可，并通过中国国家外专局引进，成为各大央企优先选拔财务管理人员所必备的资格认证，也是目前唯一实现中文考试的国际管理会计认证。

强生公司商业财务分析公司副总裁 William L. Brower 表示："CMA 认证帮助我们辨认出那些具有很强专业技能，同时又拥有高水准职业道德的财会人才。强生公司从不吝惜投入大量资金去激励旗下 200 个公司的财务部门职员去参加 CMA 培训和考试，并以此作为强生员工领导能力培养计划的一个重要组成部分。"

现任天合光能预算与分析总监的周金炳坦言，CMA 认证是自己能进入天合光能集团的重要原因之一。事实上，随着国内企业逐步国际化，国际化的财务管理思路是必不可缺的前提条件。而周金炳入职天合光能的另一个原因，则是集团 CFO 王士连，也是 CMA 证书的拥有者，非常认可管理会计对企业的价值创造。不仅如此，天合光能的内控部经理、高级财务总监都考取了 CMA 认证，还有一位同事目前也正在优财参加 CMA 的培训学习。"如果一个财务员工要向高层迈进，最基本的就要精通企业管理会计方面的知识，管理会计的核心内容就是计划、预算、差异分析、成本控制、投资回报分析等，而这些正是 CMA 考试诠释的精髓。"天合光能预算与分析总监周金炳如是说。蓝色巨人 IBM 的全球绩效总监 Christoph Papenufss 也获得了 CMA 证书，他认为自己的职业发展速度和 CMA 有很大的关系。

管理会计，国内人才缺口大

当前对于中国的财务群体来说，传统的财务会计人才已经严重过剩，而能帮助企业做出决策的高级财务管理人才奇缺。财务会计从业者面临着向管理会计转型的巨大挑战。据中国注册会计师协会原秘书长丁平准透露，国内的管理会计人才缺口已经达到了 300 万。而清华大学经管学院教授于增彪也表示，管理会计对中国企业的国际化发展有着极其重要的作用，预计未来中国的 1200 万财务从业人员里至少有一半是管理会计。

据 IMA 授权的首家全国性战略合作伙伴优财公司教务主任 Sandy 介绍，与其他财务认证相比，CMA 具有花费时间少、考试实用、通过率高、中英文可以选择、证书适用范围广、考试灵活方便、会员层次高等特点。因此，CMA 会员薪水普遍很高，国内大多数 CMA 的年薪都在 50 万元以上，职业前景也非常看好。

有数据显示，CMA 全球平均年薪 15.5 万美元。而据 IMA 最新的财务人士薪资调查报告表明，拥有 CMA 认证的财务工作人士比没有认证的年薪平均高出 24% 以上。

国以才立，政以才治，业以才兴。人才推动发展。展望未来，人才活力充分涌流，发展动力竞相迸发。

会计人才发展所指向的"兴业"目标，也许需要一代乃至几代人的努力才能达成，但贵在不停步，贵在能坚持，贵在用智慧。

千帆竞发敢为先，百舸争流创辉煌。举目神州，一个人才辈出、人尽其才、群星璀璨的崭新局面正在加速形成。人们有理由相信，通过我们每一个人坚持不懈的夯培，人才之基

终将托举起一个民族的复兴伟业。

财政部:管理会计发展趋势,加速人才建设和应用

在中国,90%的会计人员从事的是财务会计工作,80%的工作时间用于核算审计。而会计体系发达的国家,比如美国,90%的会计人员从事的是管理会计工作,他们75%的工作时间用于决策支持。

管理会计趋势一:人才建设

(1)管理会计高端人才培养。

定向提高会计人多谋善断能力,增强会计人"决策与规划力"与"管理执行力"。吸收借鉴发达市场经济体管理会计成果,总结提炼出符合我国国情的管理会计职业胜任力框架、资格认证制度和评价体系。

(2)管理会计人才队伍建设。

一是"管理会计人才领军工程项目",由财政部管理会计行业协会设立"管理会计人才领军工程项目"(以下简称"领军工程"),打造财政部门、行业协会、国家会计学院等纵向联动、横向融合的强大合力。"领军工程"开展多层多样制度化培训,争取在3~5年内,在全国培养出一批实务界管理会计师,为全面提升企业和行政事业单位经济效益和资金使用效益提供人才动力。

二是高等院校加强管理会计师资建设,鼓励高等院校加强管理会计课程体系和师资队伍建设,增强管理会计专业方向建设和管理会计高端人才培养。

三是强化企业与科研院校深度合作,积极建立理论与实践结合的案例培训机制,为管理会计的推广应用提供标杆示范。

管理会计趋势二:应用广泛

(1)发展公共部门管理会计。

我国建立现代财政制度、推进国家治理体系和治理能力现代化的目标,客观上需要加快发展公共部门管理会计。一是加快政府会计和预算由收付实现制向权责发生制基础转变,将计量绩效的信息逐步纳入政府财务报告体系中。二是依据新《预算法》,进一步改革公共部门的成本控制与预算管理体系,通过编制内部报告帮助公共部门提高治理效率,优化治理决策。三是依靠管理会计工具,发挥绩效评价功能,提高国家资源的使用效率,推动政府实体决策从注重投入向注重产出和效益转变。

(2)建立企业内部的管理会计。

一般认为,管理会计的会计对象是"经济活动"。在"经济活动"基础上,管理会计扩展至企业治理层、管理层行为单元链,构建起以"行为—价值"为内核的支持机制。从机制框架来看,需要从三个方面加以落实:一是以价值信息集成卡为中心,设置行为价值账户,为企业员工的行为创造的价值提供会计平台;二是创新行为价值账户的记账方法,凸显"行为"与价值创造之间的联动关系;三是建立与管理会计理念契合的价值分析与评价体系,形成以企业价值形成为逻辑主线的考评系统。

在转型过程中,中国管理会计充满活力,必将为中国企业构筑一块更为坚实的地基。

会计改变生活,人才改革会计。我们有理由相信,会计的明天由我们来书写。

○ 讨论题

展望会计发展,你有什么想法?

后 记

选择了,就勇敢往前走。也许路上有荆棘,也许身心会疲惫,但,请抬起头,沿途有花香,也充满乐趣。

希望本读本能缓解你初接触会计专业理论的不适应,为后续的专业学习做足准备。

本读本在编写过程中参阅了大量资料,由于时间仓促没来得及与原编著者联系,请相关作者看到后及时与我们联系。

编者